Engelhorn Bücherei

Kleine Geschichten aus Hamburg

Gesammelt
und herausgegeben
von Ulla Küster

Engelhorn Verlag
Stuttgart

Hamburg um 1600

Inhalt

Richard Linde

Eine Marschenstadt

Was der Binnenländer als hamburgische Eigentümlichkeit anzusehen pflegt, ist meist nichts weiter als niederelbische Wassernatur. Mag auch der Name »Hamburg« Geestwaldburg bedeuten und die Vororte sich weit auf die Geest hinaus erstrecken, in Wahrheit ist die Stadt in ihrem innersten Kern eine Marschenstadt. Sie ist die einzige Marschengroßstadt, die Deutschland überhaupt besitzt. Bremen, sonst vielfach ein Gegenbild Hamburgs, ist auf einer Randdüne gebaut und trägt daher seinen Namen (vergl. verbrämen). Was Hamburg eigentümlich ist, liegt in der Marschenstadt, nicht in der Geeststadt, und hier ruht denn auch seit alters der Pol seiner Kraft. Von der Marschennatur stammt Ebbe und Flut, der Schlick, das Watt, die Schilfufer, der Reichtum an Wasserflächen, von der Marschenkultur die

Menge der Kanäle, die Pfahlroste im weichen Baugrunde, die gedämmten Grachten, die mächtigen Sielbauten, die riesigen Klärbassins des schlechten Marschenwassers, die künstlichen Tiefbrunnen, die Länge der Alleestraßen, die nirgends in Deutschland größer ist, die Menge der Brücken, die Schleusen und Deiche, die Fleete, die Dykdalben, die Schuten, die flachbodigen Ewer mit dem gemalten Fenster und dem braunen Segel, das zwischen den Häusern im Sonnenschein trocknet. Alles dieses und was sonst noch dem Fremden überraschend entgegentritt, ist nichts als typisches niederelbisches Stadtbild. Es findet sich überall wieder, hüben und drüben, in Krempe und Glückstadt, in Stade und Freiburg, in Wilster und Wewelsfleth, an Krückau und Oste, an Schwinge und Este. Es ist eben das Stadtbild des Gezeitenlandes. Daher begegnet es so oft in Holland. Hier ist Rotterdam Hamburg am ähnlichsten. Noch weit reichere Marschlandbilder wies das alte Hamburg auf. Einige wundervolle Grachten – wie der Rödingsmarkt – sind zugedämmt. Ein gut Teil hat der große Brand von 1842 vernichtet. Was übrig blieb, fiel zumeist dem Zollanschluß zum Opfer –

Holländische Reihe, Kehrwiederinsel, Dovenfleth, der Wandrahm, der holländische Brook, Wandbereiterbrook, Winserbaum. Wäre nicht das fließende Element unverwüstlich in seiner spiegelnden Schönheit, man sollte nicht glauben, daß bei all der Vernichtung soviel Charakter geblieben.

Auch das eigentümlichste Bild Hamburgs, das Alsterbecken, setzt die Marschennatur voraus und hat nur an dieser einen Stelle der Niederelbe erwachsen können. Hier durchbrach seit Urzeit der Querfluß der Alster im schmalen Zuge die Geest. Er war der Ebbe und Flut unterworfen, und so dehnte sich denn da, wo heute das blaue Alsterbecken herüberschimmert, in alter Zeit bei Niedrigwasser ein wüstes Schlickwatt, bei Hochflut eine weite Wasserfläche mit wechselndem Uferrand. Hier längs des Flusses zu deichen wäre sinnlos gewesen. Die Siedler hätten keinen ihrer Arbeit entsprechenden Landgewinn davongetragen, denn der Marschenstreifen im Alstertal zwischen den Geesthöhen war nur schmal, und im Elbtal trat der Strom dicht an die Geesthöhen, ohne daß sich Marschflächen wie sonst vorlagerten. So haben sie hier allein nicht gedeicht, sondern quer durch den Fluß einen Damm gezogen, erst den »Burstah«, dann den »Reesendamm« – den heutigen Jungfernstieg –, um durch Regulierung der Gezeitenströmung das wilde Wasser einer Mühlenanlage dienstbar zu machen. Die Mühlen sind eingegangen, aber die Notwendigkeit eines Querdammes blieb wegen der Gezeitenströmung immer bestehen. Daher ist der Schleusendamm des Jungfernstiegs mit seiner Wasseraufstau geblieben, und so erwuchs mit innerer Notwendigkeit das eigentümlichste aller deutschen Großstadtbilder aus der Gezeitennatur des Wasserlandes. Die wundervollen Alsterbilder, das Lichtmeer des Nachmittags, das Lichtermeer des Abends, die sommerlichen Fährhausbilder, die bewimpelten Brautschiffe, die Regatta, der Blumenkorso, die Eislandschaft im Winter mit den Möwenschwärmen bauen sich auf diesem Naturuntergrunde auf.

Andere Besonderheiten des Stadtbildes gehen auf geschichtliche Elemente zurück. Daß sie aus zwei Zellen, der bischöflichen alten Oberstadt und der neuen handeltreibenden Unterstadt zusammengewachsen ist, kommt für das Verständnis des Stadtbildes nicht mehr in Betracht. Wichtiger ist der Moment, daß Hamburg von jeher eine Bürgerstadt war. Niemals hat hier ein Fürst seine Residenz gehabt und seinen Eigenwillen dem Stadtbilde aufgeprägt. Stadtbild und Straßenzüge erwuchsen aus Bodenbeschaffenheit und Erwägungen unmittelbaren Nutzens. Es fehlt das bewußte Ziel eines überlegenen Willens, es fehlt als das Herz der Stadt das Fürstenschloß mit seinem Park, seinen Alleen, es fehlen die freien Plätze, die Prachtbauten, die Tierparke und Adelsschlösser. An deren Stelle treten das prächtige Rathaus, der Stolz der Bürgerstadt, die Monumentalbauten gemeinnütziger Stiftungen und rings um die Stadt der reiche Kranz patrizischer Bürgerhäuser, im Grün verborgen. Diese Bürgerstadt war zugleich eine Festungsstadt. Um sich und ihre Stadt zu schirmen, haben sie

mächtige Mauern gezogen, und auf ihnen beruhte die Blüte der Stadt bis zu den napoleonischen Wirren. Fast zwei Jahrhunderte hindurch, von 1623 bis 1820, war Hamburg, was der Fremde bei dem Anblick der engen und winkligen Altstadt so leicht zu vergessen pflegt, eine Festung allerersten Ranges. Daher stammen die vielen Kellerwohnungen, die engen Twieten, die erst jetzt verschwinden, die Menge der Höfe und Gänge, die bisweilen wie enge Stollen, auch wohl nur für eine Person passierbar, unter dem Vorderhause hindurch in den schmalen Hofschacht führen. Daher stammen die vielen Wälle und Bastionen. Auf der Bastion Albertus thront die Seewarte, auf Vincent die Kunsthalle. Auch die Lombardsbrücke entstammt der alten Umwallung, die hier das Alsterbecken überschritt. Eisenbahn und Bahnhof liegen im alten Festungsgraben und überall erinnern Straßennamen an alte Wälle und Tore. Auch der Ring freier Plätze, der die Altstadt umgibt, erklärt sich aus dem Festungscharakter der Stadt. Der große Brand, wie er die Marschenstadt in ihrem Charakter beeinträchtigte, vernichtete ein gut Teil der inneren Festungsstadt.

Richard Dehmel

Hamburg

In Hamburgs Wappen stehn drei feste Türme,
die mit den Zinnen zu den Sternen ragen.
In Hamburgs Hafen liegen tausend Schiffe,
die mit den Masten all dasselbe wagen.
Auf Hamburgs Mauern sitzen tausend Schlote,
die jedem Sturmwind trotzen mit Behagen.
Durch Hamburgs Landschaft fahren tausend Züge,
die mit den Wolken um die Wette jagen.
An Hamburgs Ufern schwimmen tausend Schwäne,
die hälsereckend mit den Flügeln schlagen.
In Hamburgs Straßen schreiten tausend Menschen,
die auch im Unwetter den Kopf hoch tragen,
und hohe Bäume stehn in Hamburgs Gärten,
die über tausend Flaggen ragen, ragen.

Joseph Freiherr von Eichendorff

Tagebucheintragung

18. [September 1805]

Endlich war der merkwürdige Tag da, an welchem wir das schöne, längstersehnte Hamburg sehen sollten. Harburg, welches noch 1 Meile von Hamburg entfernt ist, wird von demselben nur durch mehrere Arme der Elbe u. durch einzelne Seen getrennt, so daß es bloß zu Schiffe möglich ist hinüberzukommen. Wir begaben uns daher um 7 Uhr des Morgens in den kleinen dasigen Hafen, von wo aus alle Tage um diese Zeit ein Post-Boot die Reisenden nach Hamburg bringt. Auf dem angenehmen Spaziergange bis zum Hafen hatten wir das Vergnügen französisches Militaer zu sehen, deßen spießbürgerliches Exterieure eben nicht viel Empfehlendes hat. Besonders liebenswürdig praesentirten sich die Schildwachen, die mit runden Hüten, zerrißenen Strümpfen

u. Schuhen, kurtz mit allen Reitzen der Mannigfaltigkeit angethan, da standen. Mit vielen anderen Reisenden bestiegen wir das Paketbot, u. glitten nun über die silberne Fläche dahin.

Es war einer der schönsten Morgen meines Lebens. Rechts streckten sich liebliche Landschaften mit Dörfern, Pavillons u. holländischen Mühlen hin, links eine Menge kleiner niedlicher Inseln mit Schwänen, neben uns flogen mehrere Bote mit rothen Seegeltüchern u. taktmäßigem Ruderschlag vorüber. Robinson, Campe u. alle die seeligen Stunden der Kindheit, die wir so oft von Hamburg verträumt hatten, gaukelten jezt vor unserer Seele, und mit klopfenden Herzen sahen wir dem Anblicke Hamburgs entgegen. Endlich lag sie vor uns, diese steinerne Welt mit ihren Pallästen u. Thürmen, u. ein Wald von 1000 u. abermal 1000 himmelhohen Masten, gleich einem wilden Windbruche, deuteten uns den Hafen. Je näher wir demselben kamen, desto öfterer überraschten uns Ungeheuer von Schiffsgerippen, die am Ufer ausgebeßert wurden. Endlich langten wir im Hafen an. Welchen Eindruk dieses seltsame in der Welt eintzige Schauspiel auf uns machte ist unbeschreiblich. Mit staunendem Entzüken fuhren wir in das tosende Chaos hinein, wie eine fremde Feenwelt umschloßen uns rings die ungeheueren Seepalläste. Hier wurde gezimmert, dort gerudert, dort klommen Matrosen an den Masten hinan, hier schwebten andere am Thauwerke zwischen Himmel u. Waßer, und ein dumpfes Getöse von 1000 Stimmen in hunderterley Sprachen tönte darein. Nachdem wir bei einer Warte von einem Hamburger Stadt-Offitziere ein Examen rigorosum überstanden hatten, landeten wir endlich, u. unser Engländer führte uns alsobald in eine gute

Auberge (in den schwartzen Adler neben der preuß. Post), wo wir ein eignes Stübchen bekamen. Hier bot uns das Gewühle von eleganten Equipagen u. Menschen aus allen Nationen ein neues intressantes Schauspiel dar, u. wir waren anfangs von dem Leben u. Treiben dieses ungeheueren Gantzen halb betäubt.

Nicht weniger frappirte uns auch die hiesige Lebensweise, welche ein Vorspiel Londons ist. Nirgends nemlich wird hier vor halb 4 Uhr zu Mittag u. zu Abend gegeßen. Bier, als gewöhnlichen Trank, scheint man hier nicht zu kennen, überall wird durchaus Rothwein getrunken.

Christian Ferber

In Hamburg angekommen

Hamburg, die Freie und Hansestadt, ist verhältnismäßig leicht zu finden. Der Kenner sucht sie nach Breiten- und Längengraden: Er wird ohne Schwierigkeiten bei dreiundfünfzig Grad fünfunddreißig Minuten fünfundfünfzig Sekunden nördlicher Breite und bei neun Grad achtundfünfzig Minuten dreiundzwanzig Sekunden östlicher Länge auf das von einer Million achthunderttausend Menschen bewohnte Gemeinwesen stoßen. Es liegt dort schon seit mehr als tausend Jahren (die ersten Forts an der Alster baute Karl der Große); freilich war es ehedem nicht so volkreich und so groß (siebenhundertsechsundvierzig Quadratkilometer) wie in unseren Tagen.

Den Freibrief für Stadtstaat und Handelshafen siegelte Kaiser Barbarossa im Jahre 1189. Seither wächst alles in dieser Gegend, Einwohnerzahl, Umfang, Hafenbecken, Bruttoregistertonnen – nur das ruhige Selbstbewußtsein des unabhängigen Hamburgers nicht: das war schon zu Barbarossas Zeiten voll entwickelt und gut proportioniert.

Wer schlichteren Gemütes ist und nicht in Breitengraden denkt, wird ebenfalls ohne Mühe nach Hamburg kommen. Es liegt an drei Kreuzungen und an einem Endpunkt des Verkehrs.

Der Endpunkt ist der Überseehafen im Elbstrom. Auch er ist genaugenommen ein Kreuzungspunkt, denn hier landet nicht nur Fracht, die über die Weltmeere naht, hier wird auch umgeschlagen, was über die Flüsse aus dem Binnenland kommt. End- und Ausgangspunkt aber sind die Hamburger Hafenbecken für die großen Seeschiffe. Was den Ausgangspunkt angeht, so führt Hamburg in deutschen Landen den stimmungsvollen Beinamen »Tor zur Welt« – und siehe da, im Hamburger Stadtwappen ist denn auch ein Tor zu finden. Aber das Tor ist geschlossen. Der Neuling darf daraus entnehmen, daß das heraldische Symbol auch ein Inbild ist für manch anderen vertrackten Widerspruch in hanseatischen Landen.

Wolfgang Borchert

Mehr als ein Haufen Steine

HAMBURG!

Das ist mehr als ein Haufen Steine, Dächer, Fenster, Tapeten, Betten, Straßen, Brücken und Laternen. Das ist mehr als Fabrikschornsteine und Autogehupe – mehr als Möwengelächter, Straßenbahnschrei und das Donnern der Eisenbahnen – das ist mehr als Schiffssirenen, kreischende Kräne, Flüche und Tanzmusik – oh, das ist unendlich viel mehr.

Das ist unser Wille, zu sein. Nicht irgendwo und irgendwie zu sein, sondern hier und nur hier zwischen Alsterbach und Elbestrom zu sein – und nur zu sein, wie wir sind, wir in Hamburg.

Das geben wir zu, ohne uns zu schämen: Daß uns die Seewinde und die Stromnebel betört und behext haben, zu bleiben – hierzubleiben, hier zu bleiben! Daß uns der Alsterteich verführt hat, unsere Häuser reich und ringsherum zu bauen – und daß uns der Strom, der breite, graue Strom verführt hat, unserer Sehnsucht nach den Meeren nachzusegeln, auszufahren, wegzuwandern, fortzuwehen – zu segeln, um wiederzukehren, wiederzukehren, krank und klein vor Heimweh nach unserm kleinen, blauen Teich inmitten der grünhelmigen Türme und grauroten Dächer.

Hamburg, Stadt: Steinwald aus Türmen, Laternen und sechsstöckigen Häusern; Steinwald, dessen Pflastersteine einen Waldboden mit singendem Rhythmus hinzaubern, auf dem du selbst noch die Schritte der Gestorbenen hörst, nachts manchmal.

Stadt: Urtier, raufend und schnaufend, Urtier aus Höfen, Glas und Seufzern, Tränen, Parks und Lustschreien – Urtier mit blinkenden Augen im Sonnenlicht: silbrigen, öligen Fleeten! Urtier mit schimmernden Augen im Mondlicht: zittrigen, glimmernden Lampen!

Stadt: Heimat, Himmel, Heimkehr – Geliebte zwischen Himmel und Hölle, zwischen Meer und Meer; Mutter zwischen Wiesen und Watt, zwischen Teich und Strom;

Engel zwischen Wachen und Schlaf, zwischen Nebel und Wind:

HAMBURG!

Und deswegen sind wir den anderen verwandt, denen, die in Haarlem, Marseille, Frisco und Bombay, Liverpool und Kapstadt sind – und die Haarlem, Marseille, Frisco und Kapstadt so lieben, wie wir unsere Straßen lieben, unsern Strom und den Hafen, unsere Möwen, den Nebel, die Nächte und unsere Frauen.

Ach, unsere Frauen, denen die Möwenflügel die Locken durcheinandertoben – oder war es der Wind? Nein, der Wind ist es, der den

Frauen keine Ruhe gibt – an den Röcken nicht und an den Locken nicht. Dieser Wind, der den Matrosen auf See und im Hafen ihre Abenteuer ablauert und dann unsere Frauen verführt mit seinem Singsang von Ferne, Heimweh, Ausfahrt und Tränen – Heimkehr und sanften, süßen, stürmischen Umarmungen.

Unsere Frauen in Hamburg, in Haarlem, Marseille, Frisco und Bombay, in Liverpool und Kapstadt – und in Hamburg, in Hamburg! Wir kennen sie so und lieben sie so, wenn der Wind uns ihre Knie mit einem frechen Pfiff für zwei Sekunden verschenkt, wenn er uns eine unerwartete Zärtlichkeit spendiert und uns eine weiche Locke gegen die Nase weht: Lieber herrlicher Hamburger Wind!

HAMBURG!

Das ist mehr als ein Haufen Steine, unaussprechlich viel mehr! Das sind die erdüberladenen, apfelblühenden Wiesen an den Ufern des Elbestromes – das sind die blumenüberladenen, backfischblühenden Gärten der Villen an den Ufern des Alsterteiches.

Das sind weiße, gelbe, sandfarbene und hellgrüne flache Lotsenhäuser und Kapitänsnester an den Hügeln von Blankenese. Aber das sind auch die schmutzigen, schlampigen, lärmenden Viertel der Fabriken und Werften mit Schmierfettgestank, Teerruch und Fischdunst und Schweißatem. Oh – das ist die nächtliche Süße des Parks an der Alster und in den Vorstädten, wo die Hamburger, die echten Hamburger, die nie vor die Hunde gehen und immer richtigen Kurs haben, in den seligen, sehnsüchtigen Nächten der Liebe gemacht werden. Und die ganz großen Glückskinder werden auf einem kissenduftenden, fröscheumquakten Boot auf der mondenen Alster in dieses unsterbliche Leben hineingeschaukelt!

HAMBURG!

Das sind die tropischen, tollen Bäume, Büsche und Blumen des Mammutfriedhofes, dieses vögeldurchjubelten, gepflegtesten Urwalds der Welt, in dem die Toten ihren Tod verträumen und ihren ganzen Tod hindurch von den Möwen, den Mädchen, Masten und Mauern, den Maiabenden und Meerwinden phantasieren. Das ist kein karger militärischer Bauernfriedhof, wo die Toten (in Reih und Glied und in Ligusterhecken gezwungen, mit Primeln und Rosenstöcken wie mit Orden besteckt) auf die Lebenden aufpassen und teilnehmen müssen an dem Schweiß und dem Schrei der Arbeitenden und Gebärenden – ach, die können ihren Tod nicht genießen! Aber in Ohlsdorf – da schwatzen die Toten, die unsterblichen Toten, vom unsterblichen Leben! Denn die Toten vergessen das Leben nicht – und sie können die Stadt, ihre Stadt, nicht vergessen!

HAMBURG!

Das sind diese ergrauten, unentbehrlichen, unvermeidlichen Unendlichkeiten der untröstlichen Straßen, in denen wir alle geboren sind und in denen wir alle eines Tages sterben müssen – und das ist doch unheimlich viel mehr als nur ein Haufen Steine!

Gehe hindurch und blähe deine Nasenlöcher wie Pferdenüstern: Das ist der Geruch des Lebens! Windeln, Kohl, Plüschsofa, Zwiebeln, Benzin, Mädchenträume, Tischlerleim, Kornkaffee, Katzen, Geranien, Schnaps, Autogummi, Lippenstift – Blut und Schweiß – Geruch der Stadt, Atem des Lebens: mehr, mehr als ein Haufen Steine! Das ist Tod und Leben, Arbeit, Schlaf, Wind und Liebe, Tränen und Nebel!

Das ist unser Wille, zu sein: HAMBURG!

Karl August Varnhagen von Ense

Morellen und Bücher

Wir waren im Sommer 1794 in Hamburg angelangt, Tag und Monat kümmerten mich nicht, und ich weiß sie auch heute nicht anzugeben; aber ein köstliches Wahrzeichen ist mir von jenen Tagen als Zeitbestimmung verblieben: Es war nämlich die Zeit der Kirschen, deren ungewohnte Namen Morellen und Kasbeeren mir schnell vertraut wurden. In den herrlichsten Sorten standen sie überall feil, die artigen Vierlanderinnen brachten sie anbietend bis in die Häuser und Zimmer, die Preise waren überaus gering, und nie vorher hatte ich diese labenden Früchte so reichlich genießen dürfen! Eine andere Lust gewährte das vor dem Haus lagernde Schiffsgerät, Anker, Taue, Tonnen und Zimmerholz, auf dem ich in Gesellschaft eines Knaben des Hauses, der mir an Jahren wenig überlegen war, stundenlang herumkletterte, auch wohl in die Fahrzeuge stieg, welche dicht an der Kaie angelegt hatten; in einem kleinen Boote schaukelten wir uns einmal so lange, bis uns die Ebbe überraschte, und wir nun mitten im Schlamme festlagen, eine Verlegenheit, die wir bald als verzweiflungsvolle Not empfanden, denn bis zur Wiederkehr der Flut hier auszuharren, war uns ein entsetzlicher Gedanke; ein gutmütiger Holländer des nächsten Schiffes half uns aus unserer Gefangenschaft, die leider vom Hause her schon gesehen worden war, und nun das strenge Verbot zur Folge hatte, je wieder die Schiffe zu betreten. Unsere Spiele dauerten aber fröhlich fort, und ich hatte den Gewinn, von meinem Gesellen sehr schnell das Plattdeutsche zu erlernen; als ich mich aber vor dem Vater mit dem Erworbenen groß machen wollte, empfing ich mit Erstaunen die Verwarnung, mich nie vor ihm so redend hören zu lassen, es sei dies die Sprache der gemeinen Leute, ich dürfe nur Hochdeutsch reden. Ich fühlte bald etwas Schmeichelhaftes in diesem Unterschied und ließ meinen Spielgesellen gelegentlich merken, daß ich der Sprache wegen mehr als er sei; jedoch kam ich damit übel an, er wies meinen

Dünkel mit Hohn und Drohungen kräftig zurück, und ich bequemte mich gern, damit der Umgang friedlich fortdauerte, mit ihm in seiner Sprache zu reden, wobei nur vermieden wurde, daß mein Vater es hörte...

Doch es gab für mich hier noch andre Reize, die, stärker als die Unterhaltung im Zimmer, hinaus ins Freie riefen. Der Hamburgerberg, von jeher ein Tummelplatz bewegter Volksmassen, lieferte Merkwürdigkeiten aller Art; Buden waren dort aufgeschlagen, teils um Eßwaren und Erfrischungen feil zu bieten; teils um ausländische oder abgerichtete Tiere sehen zu lassen; von allen Seiten ertönte türkische Musik, Seiltänzer und Kunstreiter gaben ihre Schaustücke unter freiem Himmel, oft von unübersehbaren Haufen der Zuschauer umgeben, zwischen welche sich Polichinellbühnen eindrängten, um jede Lücke der großen Vorstellungen zu benutzen, und sogleich mit ihren beliebten Späßen einzufallen, für die aus der versammelten Menge sich alsbald kleinere Gruppen ablösten. In diesem wogenden Gewirr gab es immer neue Gegenstände und neue Vorfälle, das hamburgische Volksleben zeigte sich in ganzer Derbheit, und war interessant genug, um häufig den einen oder andern aus unsrer Mitte, oft auch meinen Vater selbst, zu näherem Betrachten anzulocken, wo mir dann mitzugehen erlaubt war. Die roten hamburgischen Dragoner, ruhig auf ihren kolossalen Rossen haltend, waren ein ernster Hintergrund dieser Volkslustbarkeiten, denen von der Altonaer Seite dänische Husaren bereit standen. Doch galt die bewaffnete Aufstellung am meisten dem zahlreichen Matrosenvolke, das in den weiter abliegenden Häusern des Hamburgerberges seine wilden Freuden hatte, bei denen nicht selten blutige Opfer fielen. Diesen Schauplatz hab' ich nie näher gesehen, selbst unter Obhut nicht, da keine den hinlänglichen Schutz verbürgen konnte, und ohnehin das Hörensagen schon genug war. Hingegen durft' ich nach der andern Seite hin die friedlichen Schatten der Reeperbahn allein durchwandeln, wo häufig Bürgerfamilien im Grase lagerten, und die Kinder ihre Renn- und Ballspiele hatten. Genug, wenn ich nach Hause kam, fehlte es nie an Stoff zum Erzählen, immer hatte ich etwas Neues erlebt oder vernommen.

Bisweilen wurde vor solchen Spaziergängen eine Art von Geschäft abgetan, das einem Knaben wohl hätte langweilig werden dürfen, mir aber zum größten Vergnügen wurde. Ich begleitete nämlich den Vater in den früheren Nachmittagsstunden zu Bücherversteigerungen, deren zu jener und der nächstfolgenden Zeit in Hamburg sehr bedeutende vorkamen. Oft geschah der Verkauf in den Sterbehäusern, in behaglichen, schönen Räumen, die würdigsten Männer fanden sich dabei ein, Büsch, Brodhagen, Peter Friedrich Röding, man unterhielt sich von Literatur, betrachtete und prüfte die Bücher, die großen Pracht- und Kupferwerke, deren hohe Kaufpreise doch oft kaum ein Dritteil des ursprünglichen betrugen. Ganze Bibliotheken, aus Frankreich geflüchtet, in prachtvollen Saffianbänden mit Goldschnitt, Didot'sche und Bodonische Drucke, früher Eigentum reicher Herzoge und Fürsten, wurden hier unter den Hammer gebracht. Doch solche Sammlungen des Luxus, wie reich sie sein mochten, schwanden gegen die größern und respektableren Bücherschätze, welche von literarischen Hamburgern hinterlassen wurden. Ärzte, Prediger, Rechtsgelehrte und Kaufleute schienen ihre Einkünfte, ihr Vermögen, hauptsächlich auf Bücher verwendet zu haben. Die Bibliothek von Doktor Bolten, in herrlichen Franzbänden, vollständig im Auserlesenen und Kostbaren des medizinischen und naturwissenschaftlichen Faches, schien wirklich die Kräfte eines Privatmannes zu übersteigen; der Verkauf der Bücher des Doktor Cropp,

ich glaube gegen hunderttausend Bände, zog sich durch mehrere Jahre; so sind mir auch große Sammlungen von Giseke, Sievert und Martin Dorner noch lebhaft erinnerlich; neben den großen Versteigerungen liefen eine Menge kleiner hin, es war eine immerwährende Bewegung. Für mich hatte der Anblick dieser Büchermassen, das Durchblättern der Kupferwerke, die Achtsamkeit auf Druckort und Jahreszahl, auf die Vorzüge und den Wert der Exemplare den größten Reiz. Ich wurde nicht müde, mit diesen Formaten aller Art zu hantieren, und legte so den ersten Grund zu einer mannigfachen Bücherkenntnis, die mir späterhin oft sehr wert geworden. Oft hatte ich dann auch die Freude, die schönsten Bände eines kostbaren verheißungsvollen Inhalts in unsern Besitz übergehen zu sehen, denn bedeutende Werke wurden oft um einen Preis zugeschlagen, der kaum in Betracht kommen konnte. Wenn ich spät abends mit meinem Vater nach Hause kam, ließ ich selten die Müdigkeit mich hindern, vor allem nach den inzwischen gebrachten Büchern zu fragen, und die anziehendsten durchzusehen.

Erwin Garvens

Unsterbliches Pöseldorf

Pöseldorf liegt auf dem rechten Alsterufer und ist nicht so sehr ein Vorort als vielmehr ein Begriff. Seine Bewohner meinen, es sei der Nabel, der wahrhafte Mittelpunkt von Hamburg, und so heißt seine Hauptstraße bezeichnenderweise auch: Mittelweg. Durch diese Straße fuhr früher die Straßenbahnlinie 19, der man um solchen Vorzugs willen, und weil sie so vornehm war, den Namen einer Hamburger Patrizierfamilie beigelegt hatte. Sie hieß allgemein »die geborene Amsinck«. Ein paar hundert Meter vom Mittelweg entfernt fährt die Linie 18, die also nicht so vornehm und auch keine geborene, sondern höchstens eine »gewisse« ist. Da läßt sich denn der schadenfrohe Ausspruch eines jungen Pöseldorfer Mädchens verstehen: »Stell dir vor, Elisabeth, Anna will an die Linie 18 heiraten!«

Heinrich Merck

Vom gewesenen Hamburg

In Hamburg ging niemand zum Einholen der täglichen Nahrung zum Bäcker oder in andere Läden, und einen Markt gab es nur für Wiederverkäufer. Alles wurde von kleinen Zwischenhändlern: dem Brotmann, dem Milchmann, dem Schlachter, dem Gemüsemann ins Haus gebracht. Der Brotmann ging zu Fuß. Seine Ware trug er in einem riesigen hohen Korb, den er an Griffen auf dem Nacken balancierte. Zum Schutze der Jacke war der Korb am unteren Rand mit einem Lederkissen gepolstert. Er barg die Rundstücke für den Kaffeetisch und für den weiteren Tagesbedarf je nach Wunsch zarte, weiße Pröben und Strümpfe, graue Feinbrote und die landesüblichen Schwarzbrote – eigentlich sagte man in Hamburg »Bröte«. Der Schlachter kam auch zu Fuß, in gestreiftem Hemd, mit weißer Schürze und einer schwarzen Alpakkamütze auf dem Kopf. Das bestellte Fleisch trug er in einer Holzmulde auf der Schulter. Der Milchmann erschien entweder zu Wagen oder mit einer zweirädrigen Karre. Wagen und Karre hatten lange, hinten hinausragende Träger, an denen die charakteristischen roten, nach oben sich verjüngenden Eimer hingen. In und an den Eimern hingen wiederum kleinere Eimer oder blecherne Kannen, abgemessen nach den Portionen, die jeweils in das Haus geliefert werden sollten. Die Karre wurde geschoben, und unter ihr lief meistens ein Hund, der bei der Beförde-

rung der schweren Last mitarbeiten mußte. Während sein Herr die Kundschaft bediente, wurde für den treuen Helfer ein Brett hingelegt, das mit einer Matte benagelt war und als Lagerstatt für die willkommene Arbeitspause diente. Der Gemüsemann hatte einen flachen Pferdewagen. Zum Schutz der vielen Körbe war er mit einem Dach aus Segeltuch überspannt.

Gern kaufte man auch das frische Quellwasser, das auf der Straße aus appetitlichen hellblauen Tonnenwagen verzapft wurde. Hinten hatten sie einen immer schön blankgeputzten Messinghahn und rund herum eine ganze Batterie von außen dunkelgrün und innen zinnoberrot lackierten Eimern. Die Sitte mochte noch aus der Zeit der alten Feldbrunnen stammen und sich erhalten ha-

ben, weil das Elbwasser, das die sogenannte »Stadtwasserkunst« in die Häuser lieferte, nicht gerade verlockend war. Bei uns in der Wohnung wurde einmal ein kleiner, zierlicher, lebender Aal aus dem Hahn am Handstein gezogen. So etwas soll häufig vorgekommen sein.

Im Laufe des Tages zeigten sich dann mancherlei Verkäufer, die nur in gewissen Zeitabständen, je nach der Jahreszeit, auftauchen und ihre mehr oder weniger melodischen Ausrufe erschallen ließen. Das »Bickbeern!« – »Kronsbeern!«, das »Torf!«, das »Honnig!«, das »Ka-rab!« das Krabben – und das »Kiela-Sprott – Sprott Kiela!« der Sprottenverkäufer klingen mir noch heute in den Ohren. Der Honigverkäufer war noch ebenso ausgerüstet, wie ihn Suhr gezeichnet hat: die Mulde mit den goldigen Waben auf der Schulter und in der Hand die Waage mit den tiefen Blechschalen.

Im Mai wurden, meistens von Frauen und Kindern, Möschenkränze, d. h. Kränze aus Waldmeister angeboten; Savoyarden handelten mit Ratzi-Mausifalli; um die Weihnachtszeit traf man im Dämmern elend aussehende kleine Jungens, die scheu und bescheiden selbstverfertigte Hampelmänner von Pappe feilhielten, und auch den Mann mit den gefangenen Grashüpfern in bunten Häuschen, den Suhr auf Blatt vier seines Ausrufes abgebildet hat, habe ich noch gesehen.

Von den Leuten, die auf ländlichen Wagen fuhren und mit sauberen weißen Leitern verschiedener Länge handelten, sagte man, sie kämen aus dem Harz oder einem anderen deutschen Gebirge. Man staunte sie an als Bewohner einer geheimnisvollen Fremde, unter der man sich nichts denken konnte. Nach vielen Jahren erst, als ich manchen Sommer hindurch in jener Gegend wohnte, fand ich heraus, daß sie nur aus Tötensen oder Westerhof, gleich hinter Harburg, waren, wo der Leiterbau als Hausgewerbe betrieben wird.

Ein immer neu faszinierendes Schauspiel war es, wenn im Sommer an trockenen Vormittagen die Straße gegen den Staub bewässert wurde. Sprengwagen gab es nicht, vielmehr erschienen zwei Männer in wasserdichten Schürzen mit einer graugelben Karre. Auf der Karre lagen ein langer roter Schlauch und ein Kupferrohr. Der Schlauch wurde mittels des Kupferrohrs an den nächsten »Notpfosten« der

Wasserleitung angeschlossen, und ein dicker Wasserstrahl ergoß sich auf das Pflaster. Nach einer gewissen Zeit wurden die Geräte wieder auf die Karre verladen, und etwa hundert Meter weiter begann dieselbe Prozedur von neuem. Beglückend war es, wenn man gegen Abend dem Vater beim Bewässern von Beeten, Rasenflächen, Rosenstöcken und Büschen mit dem Gartenschlauch helfen und sich dabei im geheimen in die Rolle der oft beneideten Sprengmänner versetzen durfte.

Einer eigentümlichen Sitte, die meines Wissens etwas spezifisch Hamburgisches war, mag hier noch gedacht sein, ehe sie völlig in

Vergessenheit gerät: der »Ehrenpforte«. Immer wieder sah man an den Straßen irgendwo zwei oder drei Jungens, die sich zusammengetan, einen flachen Sandhaufen errichtet, ihn mit etwas Moos, kleinen Steinen, und aus Bilderbogen ausgeschnittenen bunten Figuren und in der Dämmerung mit brennenden Lichtstummeln verziert hatten und nun jeden Vorübergehenden um »Fief Penn för de Ehrenpoort« baten. Sinn und Herkommen habe ich nie ergründen können. War die erbetene Gabe ursprünglich mal als Dank für die Ehrung erdacht gewesen, die dem ahnungslosen Passanten durch den seltsamen Aufbau erwiesen werden sollte? Ich glaube, die wenigsten nahmen die Sache als Ehrung hin, sondern höchstens als lästige Bettelei. Die Jungens sahen zudem meistens gar nicht so aus, als müßten sie betteln gehen. Man hatte den Eindruck, daß es sich um eine angenehme Aufbesserung zu knapp geratenen Taschengeldes handelte. Der Brauch scheint jetzt abgekommen zu sein, würde auch wohl kaum noch erlaubt werden.

Abgekommen sind auch die hübschen Trachten, die es in unseren Kinderzeiten noch auf der Straße gab. In der Gegend freilich, wo wir wohnten, waren es nur die ländlichen Ammen, die nachmittags würdevoll, Kinder an der Hand führend oder im Wagen schiebend, einherwandelten, in schweren beiderwandschen Röcken mit sauberen Schürzen und goldgestickten Mützen, von denen zwei breite bunte Seidenbänder in schottischer Art bis beinahe auf die Füße fielen. Auf dem Meßberg verkauften Vierländer und Vierländerinnen in Tracht Gemüse, das sie in ihren flachen Segelkähnen heranbrachten, und im Sommer

boten Frauen und Mädchen aus den Vierlanden mit roten, unten grün eingefaßten Röcken und Strohhüten mit den schwarzen, gesteiften, wie ein Riesenschmetterling hinter dem Kopf sitzenden Schleifen auf dem Jungfernstieg den flanierenden Damen und Herren Blumen zum Kauf an.

Beim Zippelhaus sah man die Bardowiekerinnen in ihrer bäuerischen Tracht mit sonderbar geformten, in der Mitte sich verengenden Körben, die sie, mit kleinen farbigen Kissen als Unterlage, auf dem Kopf trugen. Diese in südlichen Ländern allgemein übliche Weise, Lasten zu tragen, war für unsere Gegend ein Sonderfall. Uns Kindern waren die Frauen höchst verdächtig und angsterregend. Hatte man uns doch gesagt, sie würden, wenn man es wagen sollte, sie leichtsinnig zu fragen: »Wat makt de Bull vun Bardowiek?« mit Zwiebeln und faulen Äpfeln nach einem werfen. Ein Bulle, so ging die Sage, habe einstmals Heinrich dem Löwen im Kampf gegen Bardowiek die Furt durch die Ilmenau verraten und so die Eroberung und Zerstörung der damals mächtigen und reichen Stadt verschuldet, weshalb jeder Bardowieker und jede Bardowiekerin in schreckliche Wut geraten würde, falls man sie an die Schmach ihrer Vorfahren erinnerte. Das Zippelhaus, ein länglicher Fachwerkbau mit großem Lagerraum zu ebener Erde und Schlafstellen auf dem Dachboden war ihr Sonderreich in Hamburg.

Friedrich Hebbel

Hamburg im Regen

Enge Straßen, dumpf und düster,
Daß man fast darin erstickt,
Wenn die Erde faule Dünste
Und der Himmel Regen schickt.

Ach, die Tropfen, die da fallen,
Scheint der klare Äther nicht,
Scheint ein voller Schwamm zu geben,
Der sich ausgedrückt erbricht.

Eben angekommen, lockte
Mich ein Sonnenstrahl heraus;
Aber dieses Schauderwetter
Treibt mich gleich zurück ins Haus.

Unter jenem Torweg suche
Ich verdrießlich etwas Schutz;
Doch der Haushund will's nicht dulden,
Zähnefletschend beut er Trutz.

Dennoch ladet, heiser dudelnd,
Mich ein Leierkasten ein,
Mir aus allem nichts zu machen
Und vergnügt und froh zu sein.

Heinrich Heine

Der Geist Bankos

Die Stadt Hamburg ist eine neue Stadt; lauter solide Häuser. Hier herrscht nicht der schändliche Macbeth, sondern hier herrscht Banko. Der Geist Bankos herrscht überall in diesem kleinen Freistaate, dessen sichtbares Oberhaupt ein hoch- und wohlweiser Senat. In der Tat, es ist ein Freistaat, und hier findet man die größte politische Freiheit. Die Bürger können hier tun, was sie wollen, und der hoch- und wohlweise Senat kann hier ebenfalls tun, was er will; jeder ist hier freier Herr seiner Handlungen. Es ist eine Republik. Hätte Lafayette nicht das Glück gehabt, den Ludwig Philipp zu finden, so würde er gewiß seinen Franzosen die hamburgischen Senatoren und Oberalten empfohlen haben. Hamburg ist die beste Republik. Seine Sitten sind englisch, und sein Essen ist himmlisch. Wahrlich, es gibt Gerichte zwischen den Wandrahmen und dem Dreckwall, wovon unsere Philosophen keine Ahnung haben. Die Hamburger sind gute Leute und essen gut. Über Religion, Politik und Wissenschaft sind ihre respektiven Meinungen sehr verschieden, aber in betreff des Essens herrscht das schönste Einverständnis.

Der schönste Spaziergang der Söhne und Töchter Hammonias führt den rechtmäßigen Namen Jungfernstieg; er besteht aus einer Lindenallee, die auf der einen Seite von einer Reihe Häuser, auf der anderen Seite von dem großen Alsterbassin begrenzt wird; und vor letzterem stehen, ins Wasser hineingebaut, zwei zeltar-

tige lustige Kaffeehäuslein, die man Pavillons nennt. Besonders vor dem einen, dem sogenannten Schweizerpavillon, läßt sich gut sitzen, wenn es Sommer ist und die Nachmittagssonne nicht zu wild glüht, sondern nur heiter lächelt und mit ihrem Glanze die Linden, die Häuser, die Menschen, die Alster und die Schwäne, die sich darauf wiegen, fast märchenhaft lieblich übergießt. Da läßt sich gut sitzen, und da saß ich gut gar manchen Sommernachmittag und dachte, was ein junger Mensch zu denken pflegt, nämlich gar nichts, und betrachtete, was ein junger Mensch zu betrachten pflegt, nämlich die jungen Mädchen, die vorübergingen – und da flatterten sie vorüber, jene holden Wesen mit ihren geflügelten Häubchen und ihren verdeckten Körbchen, worin nichts enthalten ist – da trippelten sie dahin, die bunten Vierlanderinnen, die ganz Hamburg mit Erdbeeren und eigener Milch versehen und deren Röcke noch immer viel zu lang sind – da stolzierten die schönen Kaufmannstöchter, mit deren Liebe man auch so viel bares Geld bekommt – da hüpft eine Amme, auf den Armen ein rosiges Knäbchen, das sie beständig küßt, während sie an ihren

Geliebten denkt –
da wandeln Priesterinnen
der schaumentstiegenen Göttin, hanseatische Vestalen, Dianen, die auf die Jagd gehen, Najaden, Dryaden, Hamadryaden und sonstige Predigerstöchter – ach! da wandelt auch Minka und Heloisa! Wie oft saß ich vor dem Pavillon und sah sie vorüberwandeln in ihren rosagestreiften Roben – die Elle kostet vier Mark und drei Schilling, und Herr Seligmann hat mir versichert, die Rosastreifen würden im Waschen die Farbe behalten – Prächtige Dirnen! riefen dann die tugendhaften Jünglinge, die neben mir saßen. – Ich erinnere mich, ein großer Assekuradeur, der immer wie ein Pfingstochs geputzt ging, sagte einst: Die eine

möcht' ich mir mal als Frühstück und die andere als Abendbrot zu Gemüte führen, und ich würde an solchem Tage gar nicht zu Mittag speisen. – Sie ist ein Engel! sagte einst ein Seekapitän ganz laut, so daß sich beide Mädchen zu gleicher Zeit umsahen und sich dann einander eifersüchtig anblickten. – Ich selber sagte nie etwas, und ich dachte meine süßesten Garnichtsgedanken und betrachtete die Mädchen und den heiter sanften Himmel und den langen Petriturm mit der schlanken Taille und die stille blaue Alster, worauf die Schwäne so stolz und so lieblich und so sicher umherschwammen.

Die Ufergegenden der Elbe sind wunderlieblich. Besonders hinter Altona, bei Rainville. Unfern liegt Klopstock begraben. Ich kenne keine Gegenwart, wo ein toter Dichter so gut begraben liegen kann wie dort. Als lebendiger Dichter dort zu leben, ist schon weit schwerer. Wie oft hab' ich dein Grab besucht, Sänger des Messias, der du so rührend wahr die Leiden Jesu besungen! Du hast aber auch lang genug auf der Königsstraße hinter dem Jungfernstieg gewohnt, um zu wissen, wie Propheten gekreuzigt werden.

August Lewald

Der Hopfenmarkt

Der originellste Platz Hamburgs ist der Hopfenmarkt, wo die Fleisch- und Gemüsehallen sind und auch Fische verkauft werden. Der sogenannte Fischmarkt hat nämlich nur den bloßen Titel. Ein Stündchen auf dem Hopfenmarkt wird den Fremden einen tiefen Blick in das Leben der unteren Hamburger Volksklas-

sen werfen lassen und nicht ohne Nutzen und Vergnügen vorüberstreichen. Fischmärkte sind in allen Seestädten besonders interessant. Die Damen, die sich mit dem Verkaufe dieser Seeungeheuer befassen, haben ihre eigene, unauslöschliche Physiognomie und so auch hier. In langen Reihen sitzen sie da mit ihren »grünen Aalen«, den gelben, fetten Stören, den breiten Steinbutten, den platten Schollen, den Seezungen. Hier krabbeln Krabben und Krebse, dort kriechen langweilige Seespinnen, Hummer, hier sind Silberlächse, dort begrüßen wir »des Rochen scheußliche Ungestalt« usw. Und dabei das Feilschen, Markten, Bieten, Schimpfen, Sonnenschein und Regen, Himmel und Hölle, alles in einer Minute.

Erwin Garvens

Straßennamen

Wie anderwärts finden sich auch in Hamburgs Altstadt manche seltsamen Straßennamen, die bisher allen Bemühungen der Historiker, ihren Ursprung und ihre Bedeutung zu erforschen, getrotzt haben. Es hat sich daher der Volkswitz der Sache angenommen, die fraglichen Straßenzüge kurzerhand zum Schauplatz welthistorischer Begebenheiten gestempelt und damit weitere Forschungen überflüssig gemacht. Daß Kain seinen Bruder Abel im »Grimm« unweit der Katharinenkirche erschlagen hat, steht ebenso fest, wie daß sich eine andere alttestamentarische Begebenheit im »Dornbusch« nahe Cölln's Austernkeller zugetragen hat.

Leider halten ja vielfach Straßenzüge in städtebaulicher und architektonischer Hinsicht nicht immer, was ihre wohlklingenden

Namen, wie etwa »Herrlichkeit«, »Rosenstraße« und »Lilienstraße« verheißen, und das läßt das Versehen entschuldigen, das einmal einem biederen Fahrer der Feuerwehr unterlief. Der sollte den Leiter der Wehr eines Nachts eilig mit dem Kraftwagen an die Brandstelle befördern: »Mensch, Meyer«, ruft der behäbige und joviale Branddirektor ihm zu, »Sie fahren ja verkehrt!« Sie fahren ja nach'm *Venusberg* und wir wollen doch nach'm *Paradieshof!«*

»Richtig, Herr Branddirektor, Paradieshof! Ich wußt' ja: *irgendwie* war das was mit die *Bibel!«*

Paul Hertz

Hochwasser

Ihr armen Kinder, die ihr in Hamm und Burgfelde groß werdet! Ich bedaure euch trotz eurer vielgepriesenen Gärten. Was wißt ihr vom Hochwasser! Fernher aus der Stadt hört ihr Schüsse herüber dröhnen; das ist alles, was ihr davon habt. Zu euch kommt das Wasser nicht hin, und so habt ihr keine Ahnung, welche Fülle der Genüsse und freudiger Aufregung mit solch einem Hochwasser auf dem holländischen Brook verbunden ist! Wenn der Wind zuerst recht steif aus Westen weht und darauf nach Norden umläuft, dann ist Hoffnung, daß es kommt. Dann wird nämlich das Wasser aus dem englischen Kanal zuerst tüchtig in die Nordsee gedrängt und endlich die Elbe hinaufgetrieben. Jetzt schießen sie schon, wenn das Wasser in Cuxhaven die gewöhnliche Fluthöhe übersteigt, und dann wieder, wenn es hier zu steigen anfängt. Kein Mensch wird klug aus dem Geschießе. Früher wurde der erste Fuß, um den das Wasser hier in Hamburg über die gewöhnliche Fluthöhe stieg, durch sechs und jeder folgende durch drei Schüsse angezeigt. Das war einfach und konnte jedermann begreifen.

Die armen Bardowiekerweiber am Zippelhause waren schlimm daran; denen lief es schon beim ersten Schuß in ihre »geelen Wötteln« (gelbe Wurzeln), wenn sie sie nicht glücklich unter dem Dache ihres alten Kastells geborgen hatten. Beim zweiten Schuß trat es dort schon auf die Straße. Beim dritten kam es Meister Gaetckes Ziegen auf den Wandbereiterbrook in ihren Stall. Beim vierten fingen ebendaselbst die Tonnen an, gar vergnüglich durcheinander zu schwimmen, wenn sie nicht festgelegt waren. Beim fünften trat es bei uns auf die Straße, beim sechsten aber ergoß es sich in einem anmutigen Katarakt über die Kellerstiege in unser Haus hinein, dann hatten wir die Bescherung.

Aber nicht unvorbereitet traf uns der Feind. Schon Stunden vorher sah der Vater die Gefahr kommen. Mit Wind und Wetter auf der Elbe

vertraut, konnten er und andere kundige Männer des Hauses ziemlich sicher im voraus berechnen, wie hoch wohl die Flut steigen würde. Schon ehe die Schüsse fielen, wurde der alte Heinrich wiederholt hinausgeschickt, um nachzusehen, wie hoch das Wasser am Pegel stehe. »Al tein Foot, Herr, und dat Kubik«, berichtete er einmal. Er wollte damit sagen »reichlich zehn Fuß«. Schien die Sache bedenklich, so wurden alle Vorsichtsmaßregeln getroffen. Alles, was in den Souterrains nicht niet- und nagelfest war, wurde entweder nach der Diele getragen oder auch fest gegen die Decke abgestützt; auch die Türen wurden herausgenommen. Wehe, wenn das einmal versäumt wurde! Dann schwammen nachher Suppenterrinen und Ascheimer, Schränke und Türen in einem wirren Durcheinander und in den merkwürdigsten Kombinationen umher.

Kam die Flut in den Schulstunden, so wurden wir Kinder nach Hause geholt, teils um uns sicher zu haben, teils um uns den Spaß zu gönnen. War alles vorbereitet, so sahen die Eltern dem kommenden Wasser mit Gleichmut entgegen. Ein eigentlicher Schaden entstand nicht, und so störten sie uns denn nicht in unserer ausschließlich freudigen Auffassung des ganzen Ereignisses.

Zuerst laufen wir noch auf der Straße umher und sehen dem mächtigen steigenden Strome zu, der das Fleet wie rasend durchflutet. Wir helfen Meister Gaetcke seine Ziegen und Schafe ins Haus bringen; wir tründeln seine Tonnen mit herbei, welche die Gesellen hoch aufeinander türmen, damit das Gewicht der oberen die unteren niederhält. Dann aber ist es hohe Zeit, nach Hause zurückzukehren. Da steht das Wasser schon bis zur Mitte der Straße! Vom Winde gepeitscht laufen die kleinen Wellen sichtlich mehr und mehr zum Haus hinauf, schon spült eine bis an die steinerne Einfassung der Kellertreppe. Nur noch einige Zoll und das Wasser steht mit dem oberen Rande gleich. Wir Kinder sind alle auf der Haustreppe, auf dem Beischlag versammelt und sehen mit gespannter Aufmerksamkeit dem allen zu. Sieh, da treibt ein heftiger Windstoß die erste kleine Welle über die Einfassung der Kellertreppe hinunter. Lauter Jubel erschallt. Der Wind legt sich ein wenig, das Wasser scheint zu stehen – lange Gesichter.

Aber da schlägt eine zweite Welle über, gleich hinterher die dritte, vierte – es kommt doch! Aus den einzigen Wellen wird in wenigen Minuten ein regelmäßiger Strom, der die Stufen hinunterstürzt. Wie das rauscht und schäumt und spritzt!

Atemlos sehen wir von unserm sichern Stande aus dem Schauspiel zu. Allmählich aber füllt sich der Schlund – höher und höher steigt das Wasser im Keller – endlich steht es ebenso hoch wie draußen. Da hört der schöne Wasserfall auf, ruhig läuft die gelbe Flut über die Kelleröffnung hin, als wenn dort gar keine

Vertiefung wäre. Jetzt ist hier draußen für den Augenblick nichts mehr zu sehen, nun hinein ins Haus! Hurra! nun ist es da, das Hochwasser!

Merkwürdige Töne erklingen aus der Küche, hört, wie es dort geheimnisvoll gurgelt und plätschert! Auch der Hofraum ist voll Wasser und der Garten ein See, das Lusthaus eine Insel. Einige Dinge hat man doch versäumt zu bergen; da schwimmt ein Besen, und dort schaukelt sich gar lustig ein umgestülpter Eimer, auf dem eine Ratte sitzt. Weiterhin treibt noch etwas, wir können nicht erkennen, was es ist; einige meinen, es ist die Mütze des alten Heinrich, andere stimmen für das runde Fußkissen Ernas. Diese Dinge müssen wir doch retten! Wenn das Wasser höher wird, treiben sie sonst über die Laube weg auf Nimmerwiedersehen davon. Auf der Diele steht eine große Waschbalge und eine Badewanne, das sind ja herrliche Fahrzeuge! Wir tragen sie durch die blaue Stube und den Saal und bringen sie an der Gartentreppe zu Wasser. Die zwei größten Jungen setzen sich hinein, als Ruder nehmen sie beliebige Brettstücke oder die Hände, und nun fahren sie lustig im Garten umher und bringen in Gewahrsam, was da schwimmt; das eine ist wirklich Heinrichs Mütze.

Sollte man wohl durch den Keller des Hinterhauses nach dem Hofe kommen können? Wir wollen es doch einmal versuchen. Mutig steuern wir durch die vom Garten eingehende Tür in den engen Kellerdurchgang hinein. Freilich ist's unheimlich da unten, fast ganz dunkel, die Decke dicht über uns! Auf Bördern und irgend hervorragenden Punkten sitzen Ratten und glotzen uns böse und zur äußersten Verteidigung bereit an. Aber nur vorwärts! Langsam und vorsichtig fahren wir weiter, uns mehr an den Wänden entlang schiebend als rudernd. Wir atmen doch hoch auf, als wir endlich hindurch sind durch die dunkle Enge und von den andern Kindern mit Jubel begrüßt auf dem Hofe anlangen! Nun geht es natürlich vom Hofe aus in die an ihm liegende Küche hinein; dort ist es hell wie sonst. Hei, wie es da aussieht! Die eine Anrichte ist nicht gut abgestützt gewesen, nun treibt sie, mit den Beinen hoch, kläglich umher. Auch eines der Geschirrborde muß übersehen sein. Da schwimmt die große Schüssel,in der immer die Grütze auf den Tisch kommt, und dort ein

Teller, in dem ganz unversehrt eine Tüte Rosinen liegt.

Endlich aber haben wir das Umherfahren satt. Wir ziehen die Badewanne und die Balge aufs Land und laufen alle zusammen nach der Haustür. Wie hat sich da inzwischen alles verändert! Nun steht das Wasser bei unserem Hause schon etwa zwei Fuß hoch auf der Straße. Die Brüstung des Bollwerks am Fleet

ist nicht mehr zu sehen; von uns zu Gaetckes hinüber erstreckt sich eine einzige Wasserfläche. Wie der Wind darüber hinfegt! Hie und da gehen noch Männer in großen Wasserstiefeln umher. Von der höher liegenden Brücke ab tragen sie Herren und Frauen »Huckepack« an ihre Haustüren. Höher und höher steigt das Wasser; vom Sturme gepeitscht schlagen wilde kleine Wellen an die Haustreppe. Schon ist kein anderer Verkehr mehr möglich als in Booten. Da sind auch schon welche; von der holländischen Reihe her kommen sie angefahren. Sie verdienen sich ein gutes Stück Geld, indem sie Leute und Sachen hin und her bringen.

Will der Sturm sich noch nicht legen? Der Vater beginnt besorgt zu werden, nur noch eine Stufe ist nach, dann steht das Wasser auf der Diele. Endlich kommt die Zeit der Ebbe. Kann auch das Wasser des Windes wegen nicht gleich zurückfluten, so steigt es doch nicht mehr. Bald indes fällt es sichtlich. Eine Stufe der Haustreppe nach der andern wird frei, rasch wie sie gekommen, verläuft die Flut, und nach drei oder vier Stunden fließt das Wasser wieder ruhig im Fleete entlang.

Der fünfte Mai 1842

Der Weg zur Stadt

Zwölf ein halb Uhr mag es jetzt ungefähr sein. Da spricht die Mutter mit Martha und Trina, und geht dann mit den beiden Großen vom Landhause fort. Je näher sie der Stadt kommen, um so mehr von jenen verbrannten Papierstückchen fliegen um sie herum, um so lauter und deutlicher hören sie die Feuerglokken. Eine kleine Viertelstunde mögen sie gegangen sein, da tönt es von der Stadt her so traurig, so schaurig, als wenn der Sturmwind in eine Aeolsharfe braust, bis die Saiten gerissen sind. Es sind Glockentöne so hell und so tief, so wehmütig und so schrillend, wie Grabesglocken und Kinderweinen, wie Engelsingen und Jämmergeschrei alles durcheinander, bald lauter, bald leiser. In ein paar Minuten ist alles still – und nur die Feuerglocke wird angezogen. Sechs und dreißig – und wieder sechs und dreißig und immer wieder sechs und dreißig.

Mit einem Male erschallt ein fürchterlicher Knall, als ob ein Pulverfaß sich entzündet habe. Von Vorübergehenden erfahren sie, daß der Spritzenmeister von den Ratsherren die Erlaubnis bekommen habe, Häuser durch Pulver zu sprengen, damit dadurch ein so großer leerer Raum bei den brennenden Häusern entstehe, daß die Flamme nicht hinüberreichen könne zu den nächststehenden.

Je näher sie der Stadt kommen, um so mehr Menschen begegnen ihnen, und um so mehr traurige Berichte hören sie über den Brand. Die größte Schreckensnachricht erhalten sie erst in der Stadt, als sie von der Dammtorstraße nach dem Gänsemarkt umbiegen wollen. Da sagt ein Kanonier im Vorbeigehen zu einem Arbeitsmann: »Nun wird es erst schlimm, Heinrich, der Nicolaiturm brennt.« Karl hat das gehört und sagt es der Mutter. Die will es nicht glauben, aber schneller als vorher eilen sie den Jungfernstieg und neuen Wall hinunter bis zur Admiralitätsstraße. Da liegt der Turm in einiger Entfernung vor ihnen. Sie sehen keinen Rauch, keine Flamme und sind schon halb getröstet; aber viele Leute stehen da, und einer sagt zum andern: »Sieh, wie es brennt! Siehst du die rote Glut? Da ist nicht mehr zu helfen.« Nun sehen sie genauer hin und bemerken über den Säulen in der Kuppel eine dunkelrote Glut. Es sieht aus, als sei die Kuppel mit rotem Tuche ausgeschlagen, und Lottchen und Karl können sich gar nicht denken, daß das Flammen sein können.

Aber je länger sie stehen, um so lichter wird das Rot, und nach einer Viertelstunde leckt zuerst eine Flamme zwischen den Säulen hervor und am Turme hinauf; eine zweite folgt nach, dann eine dritte, und nach einer halben Stunde schlagen acht Flammen zwischen den acht Säulen empor, immer wachsend in die Höhe und Breite, bis sie die ganze Turmesspitze eingehüllt haben.

Die furchtbare Hitze von den rund umherstehenden brennenden Häusern hatte schon um zwölf Uhr alles Arbeiten oben im Turm unmöglich gemacht, und so hatte sich denn in der Kuppel, wo die heiße Luft keinen Ausweg fand, das trockene Holzwerk oder, wie einige meinten, ein Habichtsnest entzündet. Um zwölf ein halb Uhr hatte die ungeheure Hitze in der Glockenkammer alle Glocken, von den kleinsten, die zum Glockenspiel gehörten, bis zu den größten, mit denen die Verstorbenen zu Grabe geläutet wurden, in Bewegung gesetzt. Dadurch war jenes wunderliche Getöne entstanden. Die Nicolaikirche hatte sich selber zu Grabe geläutet. Von zwei Uhr an stand der Turm von Flammen umzingelt. Es schlug halb fünf,

und er stand noch, hoch mit seiner Spitze gen Himmel zeigend. Da schallt von den andern vier Türmen die Betglocke. – Nicolai neigt seine Spitze seitwärts, tiefer, noch tiefer, da stürzt sie. Die acht Säulen stehen ein kurzes Weilchen ohne Halt, ohne Haupt; dann wanken sie, biegen sich auswärts und stürzen krachend nach. Aus dem Rest des Turmes steigt die Lohe wie eine ungeheure Feuersäule aufwärts. Kein Auge bleibt trocken, das den Turm stürzen sieht. Jeder fühlt es, er verliert einen Freund, den er nur zu gern behalten hätte. Selbst die Sonne, die seit sechs Wochen freundlich vom Himmel heruntergelacht hat, verhüllt ihr Antlitz, und einzelne große Regentropfen fallen wie schwarze Tränen auf die Erde.

Rudolf G. Binding

Joie

In dem kleinen Kanal, zu dem die Rasenflächen des Gartens auf der der Straße abgewendeten Seite des Anwesens sanft hinabsteigen und überhängende Bäume ihre begehrlichen Äste zum Wasser niederneigen, liegt ein rennmäßiges Boot zu stetem Gebrauch bereit. Wenn Albrecht auf ihm zur offenen Alster hinausrudert, so sind seine Schläge noch so stark wie je, als er seinen Körper aus Lust an seiner Kraft stählte. Aber es kommt ihm nicht in den Sinn, sich in einen befreienden Schweiß hineinzurudern. Nicht, daß er der sorglichen Mahnung Octavias gedächte, sich zu schonen – denn er belächelt sie sogar ein wenig –, aber es ist ihm nicht um einen befreienden Schweiß zu tun.

Alles das weiß Albrecht, und er seufzt manchmal. Aber dennoch wüßte er nicht zu benennen, was ihm fehlt noch was ihn quält. Deshalb denkt er wohl, er seufze aus einem Zuviel von Behagen und Sorgenlosigkeit, und gibt sich zufrieden.

Da, an einem Maienabend, als sein leichtes Boot nach heißem Tag noch spät unter dem lautlosen Baumgewölbe, von dem das Mondlicht ins Wasser träufelte, der Alster zuglitt und die langen Ruder lässig die Fläche streiften, begab es sich, daß Albrecht einen kleinen Widerhalt zu gewahren glaubte, der die Schnelligkeit seines Fahrzeuges um ein weniges hemmte. Es war, als ob ein schwerer Körper an dem festgestellten Steuer hing und sich mit fortziehen ließe. Einige kräftige Ruderschläge, die das Boot nicht wie sonst dahinfliegen machten, überzeugten ihn, und da er zugleich in die hellbeschienene freie Alster hinausschoß, gewahrte er die Finger einer kleinen braunen Hand, welche die hintere Schweifung seines Steuers umfaßt hielten. Es war ein sorgloses Festhalten, kein ängstlicher Griff, der nach dem Rand des Bootes verlangt hätte; und da bemerkte er auch schon fast in der Linie des Kielwassers einen blitzenden weiblichen Körper, welcher zu der kleinen braunen Hand gehörte und nahe der Wasserfläche hinter dem nun langsamer gleitenden Boot dahinfloß. Die Gestalt lag auf dem Rücken gestreckt, und die dem Kiel nachstrebenden wieder zufallenden Wellen spielten über sie hinweg. Den Kopf und den anderen Arm, der wohl das Steuer von unten umgriff, vermochte Albrecht nicht zu sehen, denn der gewölbte Rand des Bootes verbarg sie. Bald aber, da er unwillkürlich mit Rudern innehielt, hörte er eine kleine befehlende Stimme voller Ungeduld.

»Ah! weiter!« rief es; und unter einem seltsamen und dennoch unfühlbaren Zwange tauchte Albrecht die Ruderschaufeln von neuem in die überflimmerte Flut. Es war ihm recht eigentlich wohlig, außer der eigenen Schwere einen Widerstand zu überwinden, was ihm plötzlich wie eine lange Entbehrung vorkam, und er brachte das Fahrzeug bald in einen schwungvollen Flug. Das schien dem schlanken Fischwesen, welches ihm anhing, sehr wohl zu behagen, denn es verhielt sich ganz stumm und rauschte wohlgefällig in seinem fließenden Wellengewand, das der Mond mit glitzernden Säumen und Litzen besetzte, hinter ihm her. Albrecht war so völlig im Bann dieser kraftvollen und prächtigen Spielerei, daß er erst nach einer Weile inne ward, wie nun doch, da sie inmitten des weiten Beckens dahinglitten, für das zarte Wesen mit den schlanken braunen Fingern eine Gefahr entstanden sei, wenn anders sein Leib wirklich in keinem Fischschwanz endete.

»Können Sie denn schwimmen?« fragte er auf einmal erschrocken und setzte einige Ruderschläge aus.

Sie schien die Frage zu mißachten und antwortete nur herauf: »Das Wasser streichelt mich so besser.« – »Wenn Sie übrigens das Rudern einstellen, wird mein Wellenkleid zu durchsichtig, und ich muß Sie verlassen!« setzte sie drohend hinzu.

Albrecht ließ, um die seltene Gefolgschaft nicht zu verlieren, gehorsam das Boot von neuem dahinfliegen. Während von neuem die langvermißte Freude am Einsetzen seiner ganzen Körperkraft seinen Leib durchlief und in ein leises Glühen brachte, standen seine Gedanken wie unter dem wiedererwachenden Zauber einer längst vergangenen Zeit, auf die er sich gleichwohl erst besinnen mußte. Es war nicht, daß er je ein ähnliches Abenteuer erlebt oder dieses mit früher erlebten verglich; aber es wehte ihn vertraut an aus den Worten der schwimmenden Gestalt, deren Stimme er nie zuvor gehört: ›Das Was-

ser streichelt mich so besser.‹ Warum spielte sich die Zärtlichkeit und Kraft, die geeint darin lag, in sein Herz hinein, wie die Zärtlichkeit und Kraft einer sonnigen, tändelnden Meereswelle in die kleine Höhlung eines Gesteins?

Diesen Empfindungen war er so ganz hingegeben, daß er nicht im leisesten neugierig auf die Lösung des Zaubers war; und es erging ihm nicht anders als jedem Menschen, der sich einer Gaukelei während ihrer Dauer gern und ohne Fragen überläßt und erst, wenn sie vorüber ist, begierig nach ihrer Erklärung fragt. So ruderte er mit seiner Last schweigend dahin, als ihn die Stimme unter dem Bootrand aus seinen sich entfernenden Gedanken riß.

»Ich werde jetzt umkehren«, rief es von unten herauf; »und Sie werden mir nicht folgen, wie einer wirklichen Hexe.«

In demselben Augenblicke schoß das Boot, unerwartet von seiner Last befreit, durch den nächsten Ruderschlag so pfeilschnell ins Weite, daß Albrecht fast rücklings von seinem Sitz fiel und im Augenblick viele Meter von einem rundlichen dunklen Ball entfernt war, welcher sicher und gleichmäßig dem Ufer in der Richtung zustrebte, aus der er gekommen war. Das war alles, was er von der schwimmenden Gestalt noch gewahrte, und als er einen Augenblick versucht war, das Boot zu wenden und ihr nachzurudern, schämte er sich dieses Gedankens sofort wie einer Undankbarkeit und ließ das Fahrzeug ohne Schlag gleiten, bis es von selbst auf dem Wasser still lag. Da konnte er auch den Kopf des Wesens über der matt flimmernden Fläche nicht mehr unterscheiden.

Tief in der Nacht kettete Albrecht sein Boot an dem Landungssteg in dem versteckten Kanal an; er war lange still draußen auf der freien Alster liegengeblieben, wie man nach einem schönen Traum noch eine Weile stille liegt.

Alfred Lichtwark

Über die Moorweide

Daß die ältere Generation dem Park mißtrauisch gegenübersteht, versteht sich leicht. Wir haben eine Anzahl Parks in belebter Gegend – die ganze Reihe der Elbparks von der Seewarte bis zum Botanischen Garten –, und sie werden weder von der Gesellschaft noch von den breiteren Schichten der Bevölkerung besucht, höchstens einmal zufällig gestreift. Man weiß, es sind einige viel benutzte Kinderspielplätze darin, und auf den Bänken lungern Leute, die den Gedanken an Verweilen unbehaglich machen. Das ist alles. Auch die Anlagen an der Alster werden ziemlich wenig benutzt. Es kommt kaum vor, daß Spaziergänger von dem Hauptwege abweichen, um auf den Nebenwegen Ruheplätze und Aussichten aufzusuchen. Dies kann feststellen, wen der Weg zur Stadt regelmäßig am Alsterufer entlang führt.

Und von den englischen Gärten in anderen deutschen Städten weiß man, daß sie ohne rechte Stetigkeit zum Spazierengehen benutzt werden, und meint wohl, dazu brauchten wir keinen Park anzulegen. Die Wälder und Heiden der Umgegend, Alster- und Elbstrand böten Gelegenheit genug dazu.

Dennoch gibt es Lebensäußerungen bei uns, die uns genau unterrichten, daß Bedürfnisse vorhanden und wie sie zu befriedigen sind.

Den wichtigsten Fingerzeig bietet uns die Benutzung der Gänseweide vor dem Dammtor. Jeder Hamburger kennt die schöne, ebene Rasenfläche, von vierfachen alten Baumgängen umgrenzt und geschützt. Es ist auch eins der schönsten Raumgebilde in unseren Anlagen, fast noch die einzige ebene Grasfläche aus alter Zeit mit dem lotrechten Gegensatz der aufstrebenden Baumstämme und der hohen Laubmassen, oder malerisch genommen, der hellen Rasenfläche und des dunkeln waldartig dichten Baumbestandes rundum.

Wer an schönen Sommertagen hinauskommt, findet die Wiese bunt belebt. Im Schatten der Bäume lagern, aus den engen Wohnungen der Stadt geflohen, die Mütter mit ihren kleinen Kindern. Größere Knaben und Mädchen kommen offenbar allein. Soweit der Schatten reicht, leuchten die hellen Weiß und Rot der Mützen, Tücher und Schürzen durch die goldige Luft. Die größeren Kinder schwärmen aus über die besonnte Fläche und kehren lachend zurück, oder sie liegen mit ihren

Kaninchen im Schatten oder in der Sonne auf dem Bauch und klopfen mit den Füßen auf den Rasen. Später am Nachmittag kommen die Knaben und Jünglinge zum Fußball- und zu anderen Rasenspielen. Alles Ruhe und Frieden. Daß eine Aufsicht oder ein Schutz nötig ist, spürt man nirgend.

Hätten wir rund um Hamburg hundert solcher Wiesen, sie wären alle in derselben Form benutzt und böten alle dasselbe malerische Bild.

Vor längerer Zeit wurde in den Tagesblättern der Plan erörtert, diese schöne Wiese nach dem herrschenden Schema in eine Grünanlage mit kleinen Hügeln, kleinem Teich, mit Wegen, Gebüsch und Sandplätzen zum Spielen zu verwandeln. Wäre die Absicht ausgeführt worden, so hätten wir eine von den vielen kleinen Parkanlagen mehr, die wegen der dichten Büsche einen gefürchteten und unsicheren Aufenthalt bieten, und deren kleine und hügelige Rasenflächen dem Publikum nicht freigegeben werden dürfen, weil nur große und flache Rasen die Benutzung vertragen können. Wir würden dann in unserer Stadt überhaupt nicht mehr beobachten können, in welcher

Form das Bedürfnis nach öffentlichen Parkanlagen befriedigt werden muß. Die Elbparks und sonstigen Grünanlagen können es uns nicht lehren, denn sie werden nicht entfernt so stark, so sorglos und so freudig benutzt wie die Wiese vor dem Dammtor. Und wir würden, wäre jener Plan ausgeführt worden, das großartige Raumgebilde der weiten, ebenen Wiesenfläche im Schutz von Baumreihen in Hamburg nicht mehr kennen. Es wäre eine ausgestorbene Kunstform.

Das Merkmal aber, das sie von den Parkanlagen, in denen man spazieren geht, unterscheidet, ist dies: sie bietet Raum zum wirklichen und behaglichen Aufenthalt. Wer da ruht und spielt, fühlt sich frei und ungehemmt, wie zu Haus.

Theodor Fontane

Über die Hamburgerin

Treibel lehnte sich weiter zurück in den Stuhl und blies kunstvoll einen kleinen Ring in die Luft. »Ich glaube nicht, daß du recht hast. Aber wenn du recht hättest, was täte es? Otto lebt seit acht Jahren in einer glücklichen Ehe mit Helenen, was auch nur natürlich ist; ich kann mich nicht entsinnen, daß irgendwer aus meiner Bekanntschaft mit einer Hamburgerin in einer unglücklichen Ehe gelebt hätte. Sie sind alle so zweifelsohne, haben innerlich und äußerlich so was ungewöhnlich Gewaschenes und bezeugen in allem, was sie tun und nicht tun, die Richtigkeit der Lehre vom Einfluß der guten Kinderstube. Man hat sich ihrer nie zu schämen, und ihrem zwar bestrittenen, aber im stillen immer gehegten Herzenswunsche, ›für eine Engländerin gehalten zu werden‹, diesem Ideale kommen sie meistens sehr nah. Indessen das mag auf sich beruhen. Soviel steht jedenfalls fest, und ich muß es wiederholen, Helene Munk hat unsern Otto glücklich gemacht, und es ist mir höchst wahrscheinlich, daß Hildegard Munk unsern Leopold auch glücklich machen würde, ja noch glücklicher. Und wär auch keine Hexerei, denn einen besseren Menschen als unsern Leopold gibt es eigentlich überhaupt nicht; er ist schon beinah eine Suse...«

»Beinah?« sagte Jenny. »Du kannst ihn dreist für voll nehmen. Ich weiß nicht, wo beide Jungen diese Milchsuppenschaft herhaben. Zwei geborene Berliner, und sind eigentlich, wie wenn sie von Herrnhut oder Gnadenfrei kämen. Sie haben doch beide was Schläfriges, und ich weiß wirklich nicht, Treibel, auf wen ich es schieben soll...«

»Auf mich Jenny, natürlich auf mich...«

»Und wenn ich auch sehr wohl weiß«, fuhr Jenny fort, »wie nutzlos es ist, sich über diese Dinge den Kopf zu zerbrechen, und leider auch weiß, daß sich solche Charaktere nicht ändern lassen, so weiß ich doch auch, daß man die Pflicht hat, da zu helfen, wo noch geholfen werden kann. Bei Otto haben wir's versäumt und haben zu seiner eignen Temperamentlosigkeit diese temperamentlose Helene hinzugetan, und was dabei herauskommt, das siehst du nun an Lizzi, die doch die größte Puppe ist, die man nur sehen kann. Ich glaube, Helene wird sie noch, auf Vorderzähne-Zeigen hin, englisch abrichten ...«

Lizzi, trotz früher Stunde, war schon in vollem Staate. Das etwas gewellte, blonde Haar des Kindes hing bis auf die Hüften herab; im übrigen aber war alles weiß, das Kleid, die hohen Strümpfe, der Überfallkragen, und nur um die Taille herum, wenn sich von einer solchen sprechen ließ, zog sich eine breite rote Schärpe, die von Helenen selbstverständlich nie »rote Schärpe«, sondern immer nur »pink-coloured scarf« genannt wurde. Die Kleine, wie sie sich da präsentierte, hätte sofort als symbolische Figur auf den Wäscheschrank ihrer Mutter gestellt werden können, so sehr war sie der Ausdruck von Weißzeug mit einem roten Bändchen drum. Lizzi galt im ganzen Kreise der Bekannten als Musterkind, was das Herz Helenens einerseits mit Dank gegen Gott, andrerseits aber auch mit Dank gegen Hamburg erfüllte, denn zu den Gaben der Natur, die der Himmel hier so sichtlich verliehen, war auch noch eine Mustererziehung hinzugekommen, wie sie eben nur die Hamburger Tradition geben konnte.

Vera Möller

Klein Erna – wißbegierig

Wie Klein Erna so sechs Jahre alt is, da geht sie ma wieder mit Mamma an Hand anne Alster spazieren, und wie sie inne Gegend von die Lombardsbrücke kommen, fragt Klein Erna:

»Mamma? Was das für'n Brücke?«

Mamma: »Weiß nich mein Deern, eine über die Alster.«

Klein Erna: »Wo ist der Hauptbahnhof?«

Mamma: »Da längs!« Mamma zeigt in die falsche Richtung!

Klein Erna: »Da komm wia doch grad her, das doch Dammtor!«

Mamma: »Ach so, kann sein, weiß nich so genau!«

Klein Erna: »Was das da für'n Toam?«

Mamma: »Weiß nich, Klein Erna!«

Klein Erna: »Und wo geht das da längs?«

Mamma: »Kann ich nich sagen, die Gehnk kenn ich nich so!«

Klein Erna: »Mamma?«

Mamma: »Hm?«

Klein Erna: »Macht dich das auch nich nervös, wenn ich immer fragen tu?«

Mamma: »Iwo, Klein Erna, mußt Mamma immer schön fragen, wenn du was nich weißt, wie sollst du wohl sons schemals in dein Leben was lernen!«

Carl Hagenbeck

Die Liebe zur Tierwelt

Die Welt stand noch nicht im Zeichen des Verkehrs, als ich meine Knabenzeit verlebte. Vom Geräusch und Getriebe, das heute die Weltstadt Hamburg erfüllt, war noch wenig zu bemerken. Durch die Straßen des lustigen alten Hamburgs wandelten noch neben dem Ausrufer des Senats, der seine große Glocke schwang, die seltsamsten Originale, irgendwo in den Vorstädten fand fast in jeder Jahreszeit der fröhliche Trubel eines Jahrmarktes statt, und um die Weihnachtszeit wurden nahezu alle freien Plätze der Stadt dem berühmten »Hamburger Dom« dienstbar gemacht, der inzwischen vieles von seiner Originalität verloren hat.

Wenn ich jetzt meinen Blick über die weiten Gründe des Stellinger Tierparks schweifen lasse, mit seinen grünen Matten und ragenden künstlichen Gebirgsformationen, zwischen denen Tausende von Besuchern sich des Anblicks der lebenden Tierpanoramen erfreuen, dann will es mir fast wie ein Traum erscheinen, daß der alte Hamburger Dom mit dem Tierparadies von Stellingen durch ein festes Band verknüpft ist.

Deutlich sehe ich noch den mit verschneiten Buden bedeckten Großneumarkt vor mir, wie er sich zur Weihnachtszeit ausnahm. Die Hände in den Taschen, vor Kälte von dem einen Fuß zum andern hüpfend, drängte sich das Jungenvolk vor den lockenden Auslagen mit Zuckerwerk, Spielsachen und duftendem Schmalzgebäck, aber mehr noch vor den mechanischen Theatern, Wachsfigurenkabinetts und Buden mit menschenfresserischen Wilden und seltenen Tieren. Auf dem alten Dom konnte man noch allen Ernstes die Seejungfer und ähnliche Fabeltiere leibhaftig zu sehen bekommen. Vor den Buden gingen die Ausrufer, Rekommandeure genannt, hastig auf und ab, denn auch sie froren, und ließen laut ihre einladenden Stimmen erschallen. Einer von ihnen war der »Schauspieler« Schwanenhals oder, wie er sich selbst nannte, Swonenhals, ein origineller Mensch, der sich für alle möglichen Dienstleistungen anwerben ließ. Jetzt also, an einem Winterabend des Jahres 1853, schritt Swonenhals auf dem Großneumarkt vor einer Schaubude auf und ab und rief immer wieder die denkwürdigen Worte in das staunende Publikum: »Immer hereinspaziert, meine Herrschaften! Hier ist zu sehen: das größte Schwein der Welt! So etwas muß man gesehen haben, das ist kolossal, das ist unglaublich, das ist noch nicht dagewesen! Das Riesenschwein, meine Herrschaften, persönlich hier in Augenschein zu nehmen. Erwachsene zahlen einen Schilling, Kinder die Hälfte.« Diesen Text unterstützte ein mächtiges Schild, auf dem das Schwein so groß wie ein Nilpferd abgebildet war.

Was aber das Merkwürdigste an dieser Bude auf dem alten Hamburger Dom für mich ist, das ist die Tatsache, daß auch jenes primitive Unternehmen den Namen Hagenbeck trug, ja daß diese oder eine andre ähnliche Schaustellung aus vergangener Zeit die Wurzel war, aus welcher das weit verzweigte Unternehmen, das jetzt in Stellingen zentralisiert ist, im Laufe eines halben Jahrhunderts emporwuchs. Der

Unternehmer, der das Riesenschwein auf dem Großneumarkt einem verehrlichen Publikum vorführte, war mein lieber Vater, der das Tier, das in der Tat neunhundert Pfund wog, von einem alten Tierarzt gekauft hatte. In jenen Jahren pflegte mein Vater die Domzeit nie vorübergehen zu lassen, ohne irgendeine seltene oder merkwürdige Erscheinung aus der Tierwelt auszustellen. Es kamen dabei freilich die ergötzlichsten, heute ganz unmöglich gewordenen Täuschungen vor, die man selbst in einem amerikanischen Groschenmuseum nicht mehr ungestraft wagen dürfte. Eines Tages wurde meinem Vater von dem Kapitän eines im Hamburger Hafen angekommenen Schiffes ein Vikunja-Lama angeboten, das sofort für sechzig Taler gekauft und zur öffentlichen Ausstellung bestimmt wurde. Alle Vorbereitungen wurden getroffen und unter anderem auch ein großes Aushängeschild beim alten Maler Gehrts bestellt, aber – o weh! Ehe die neue Attraktion zur Schau gestellt werden konnte, segnete sie das Zeitliche. Das Lama ging ein. Was tun? Das teure Schild, das zwölf Taler gekostet hatte, in den Winkel stellen? Unmöglich. Zu dem Schild mußte in den Gefilden Hamburgs ein neues Vikunja erjagt werden. Mein Vater fand ein solches in Gestalt eines gewöhnlichen, ganz kommunen Rehs, das er kaufte und nun ganz unverfroren als Lama den Besuchern zeigte. Solche Scherze durfte man sich damals ohne weiteres erlauben, man war in der Zoologie noch nicht so gut bewandert wie heute; holte man doch seine Kenntnisse aus umherziehenden Menagerien, die sich noch ganz andere Unterschiebungen gestatteten.

Die Anfänge des Tiergeschäfts, soweit es mit meinem Hause verknüpft ist, liegen indes noch weiter zurück. Was mich selbst betrifft, so kann ich behaupten, daß mein ganzes Leben, von der Wiege an, sich in unmittelbarer Verbindung mit der Tierwelt abgespielt hat, denn mein Vater betrieb in der Hamburger Vorstadt St. Pauli, wo ich am 10. Juni 1844 geboren bin, ein Fischgeschäft. Unmittelbar aus diesem erwuchs auch der Tierhandel. Doch darf man aus dem kleinen Domschwindel, der im lustigen alten Hamburg nichts bedeutete, keine falschen Schlüsse ziehen. Existierte doch auf dem Dom die berühmte Bude »Hamburg bei Nacht«, in die man den Besucher gegen einen

Schilling Entgelt vorne hineinließ, um ihn hinten einfach wieder hinauszulassen, auf die Straße, da hatte er Hamburg bei Nacht!...

Meine ganze arbeitsreiche Knabenzeit hat sich zwischen dem Fischgeschäft, das aus kleinen Anfängen zu großen Dimensionen erwuchs, und dem beginnenden Tierhandel abgespielt. In die Schule ging ich nur, wenn Zeit dazu vorhanden war, höchstens drei Monate im Jahr. Die Elementarweisheiten wurden mir in einer Mädchenschule, bei Mutter Feind in der Friedrichstraße auf St. Pauli, eingetrichtert. Erst von meinem zwölften Jahre an erhielt der Schulbesuch mehr Regelmäßigkeit. Mein Vater verschloß sich keineswegs dem Segen der Bildung, und ein angemessenes

Teil schien ihm durchaus notwendig, aber er stellte, ganz im heutigen amerikanischen Geiste, den frühzeitigen praktischen Erwerb ebenso hoch. Er pflegte zu sagen: »Pasters süllt je nich warden, aber reeken und schriben mutt je könen.«

Als später das aufblühende Geschäft Verbindung mit Frankreich und England anknüpfte, bewährte sich der weite Blick meines Vaters, und da hieß es: »Dat nützt nix, Englisch und Franzeusch mußt du ook noch leern.« In den wenigen noch übrig bleibenden Schuljahren wurde dann der Grund in den höheren Fächern und auch in Sprachen gelegt, allein in der Hauptsache blieb der Erwerb derjenigen Kenntnisse, die zu einer ausgebreiteten Geschäftsbetätigung nötig sind, jener hohen und höchsten Schule vorbehalten, die man praktisches Leben nennt...

Samuel Taylor Coleridge

Elbaufwärts

Am Dienstag um 4 Uhr in der Frühe wurde ich durch die Rufe »Land! Land!« aufgeweckt. Es war ein häßlicher Inselfelsen, der in ziemlicher Entfernung zu unserer Linken lag, genannt Heiligeland. Er ist vielen Reisenden, die von Yarmouth nach Hamburg fahren, wohl bekannt geworden, wenn sie nämlich bei stürmischem Wetter sich gezwungen sahen, Wochen und Wochen in trostloser Gefangenschaft auf ihm zuzubringen. Durch die halsabschneiderischen Forderungen der Schufte, die darauf wohnen, gingen sie dann ihrer gesamten Barschaft verlustig. So wenigstens erzählten mir die Seeleute.

Ungefähr um 9 Uhr sahen wir das Festland, das kaum im Stande schien, sich über Wasser zu halten, so niedrig, flach und trostlos ist es, mit Leuchttürmen und Baaken bestellt, die der

Einöde einen Charakter aufdrücken, ihr gewissermaßen eine Sprache verleihend. Wir liefen in die Elbmündung ein und fuhren bei Neuwerk vorüber, doch war uns jetzt nur das rechte Ufer des Flusses sichtbar. Um 11 Uhr morgens kamen wir in Cuxhaven an. Das Schiff warf Anker, und das Boot wurde abgelassen, um den Passagier aus Hannover und einige andere ans Land zu setzen. Der Kapitän willigte ein, uns, die wir zurückblieben, um zehn Guineen nach Hamburg zu bringen. Der Däne bezahlte soviel, daß auf die anderen nur je eine halbe Guinee kam. So wurde der Anker wieder aufgeholt, und wir fuhren gemächlich stromaufwärts. Bei Cuxhaven können bei klarem Wetter beide Seiten des Flußufers gesehen werden. Allerdings konnten wir vorläufig nur das rechte Ufer erkennen. Wir kamen an einer ganzen Flotille von englischen Kauffarteischiffen vorüber, die mehrere Wochen auf einen günstigen Wind gewartet hatten. Bald kam auch das andere Ufer in Sicht. Beide Ufer sind flach und zeigen an ihren außerordentlich gepflegten Anlagen die Spuren menschlichen Fleißes. Auf dem linken Ufer gewahrte ich nur einige wenige Kirchtürme in der Entfernung. An dem rechten Ufer passierten wir Kirchturm und Windmühle und Landhaus und Windmühle und Einzelhaus und wiederum Windmühlen, dann ein sauberes Einzelhaus und einen Kirchturm. So war die genaue Reihenfolge der Dinge. Die Küsten waren frischgrün und recht geschmackvoll mit Bäumen bepflanzt. Fünfunddreißig Meilen hinter Cuxhaven überraschte uns die Nacht und, da die Schiffahrt auf der Elbe gefährlich ist, warfen wir Anker.

Um 5 Uhr morgens, am Mittwoch, wurde der Anker wieder gelichtet, doch bald mußten wir ihn wegen dichten Nebels von neuem werfen. Der Kapitän fürchtete, der Nebel würde den ganzen Tag anhalten, doch gegen 9 Uhr klärte es sich auf und wir segelten vor schwachem Winde langsam dahin, nahe der Küste an einer herrlichen Insel (Krautsand) vorbei, die vierzig Meilen von Cuxhaven liegt. Dieser Holm oder diese Insel ist ungefähr anderthalb Meilen lang, keilförmig gestaltet, gut bewachsen mit Wiesen von lieblichem Grün. Ihre Reize werden noch durch saubere Bauernhäuser, die auf ihr stehen, gehoben, Sie scheint wie geschaffen, um sich auf sie zurückzuziehen ohne die Einsamkeit zu fühlen, ein Platz, der

unsere lieben Freunde locken würde, während uns seine Abgelegenheit vor den üblichen Besuchern schützen würde. Die Küste der Elbe wurde nun schöner mit reichen Weiden und Bäumen, die wie eine niedrige Mauer am Rande des Flusses standen. Über sie hinaus lugten niedliche Häuser, besonders auf dem rechten Ufer, und Kirchtürme in Menge, weiße, schwarze und rote...

Sechsundvierzig englische Meilen hinter Cuxhaven und sechzehn Meilen vor Hamburg schmückt die dänische Stadt Veder (Wedel) das linke Ufer. Sie hat einen schwarzen Kirchturm. Nahe dabei liegt der ländlich einsame Flecken Schulau. Bis hierhin sind beide Ufer zur rechten und zur linken grün bis zum äußersten Rande und, da sie in einer Ebene mit dem

Flusse liegen, erhält man den Eindruck eines Parkkanals. Bäume und Häuser waren gleich niedrig. Mitunter ragten die niedrigen Bäume über die niedrigen Häuser, mitunter erhoben sich die niedrigen Häuser über die noch niedrigeren Bäume. Doch bei Schulau hebt sich das linke Ufer des Flusses jähe vierzig oder fünfzig Fuß und schaut mit einer abschüssigen Sandfassade, auf der nur spärliche Flecken Grün sich zeigen, auf das Wasser hinaus. Jetzt wurde die Elbe mehr und mehr durch Fischerboote belebt und die Menge von Seemöwen, die sich um sie herumtummelten, jene lauten Rivalen und Begleiter der Fischerleute. So kamen wir nach Blankenese, einem höchst interessanten Dorf, das verstreut zwischen Bäumen liegt und sich über Hügel in drei Abteilungen gliedert. Jeder der drei Hügel starrt auf den Fluß mit seinem Antlitz aus nacktem Sande hinaus. Mit diesem stehen die Boote (reihenweise am Ufer mit ihren kahlen Masten) in einer Art fantastischer Harmonie. Zwischen je zwei Hügelfronten liegt ein grün bewaldetes Tal, das Folgende immer tiefer geschnitten als das Vorhergehende. Kurz, es ist ein großes Dorf, das sich aus einzelnen Häuslein zusammensetzt, wo jedes Haus in seinem eigenen kleinen Walde oder Obstgarten liegt und jedes Haus hat seinen eigenen Pfad. So ist es ein Dorf mit einem labyrinthischen Gewirre von Pfaden oder richtiger eine Sammlung von Häusern. Es wird von Fischerleuten und Bootsbauern bewohnt.

Die Boote von Blankenese sind am ganzen Strand der Elbe sehr beliebt. Hier sahen wir zum ersten Mal die Kirchtürme von Hamburg und von hier bis Altona ist das linke Ufer der Elbe gar lieblich, besonders wenn man in Betracht zieht, daß jene fleißige Republik mit ihrer Industrie in der Nähe liegt. Der Stil der Schönheit oder besser Niedlichkeit ist jener, der den Bürger auf das Land lockt und dort dem Geschmacke Rechnung trägt, den er sich in der Stadt erworben hat. Lauben und Tempelchen in chinesischem Stil liegen überall zerstreut auf den ragenden grünen Ufern. Die Balken der Dorfhäuser sind ohne Steinverputz und lustig in grün und gelben Anstrichen. Kaum gibt es einen Baum, der nicht regelmäßig beschnitten ist, um so den Menschen an seine eigene Kraft und Intelligenz zu mahnen, die an Stelle der Weisheit der Natur getreten ist. Die sind Bindeglieder zwischen Stadt und Land. Und besser sind sie, als Neigungen und Geschmack vorzutäuschen, aus denen den Menschen seine Gewohnheiten entwachsen ließen.

Man muß dies am Sonnabend oder Sonntag sehen, wenn die Gegend mit Bürgern aus Hamburg angefüllt ist, die ihre Pfeife rauchen und sich mit Frau und Kindern gütlich tun in den Nischen aus Buxbaum und Eibenbaum. Dann erhält alles ein eigenartiges und natürliches Gepräge.

Am Mittwoch um 4 Uhr verließen wir das Schiff und fuhren unter Schwierigkeiten durch die gewaltige Menge von Fahrzeugen, welche die Elbe aufwärts von Altona beinahe verstopft, und landeten endlich am Baumhaus in Hamburg.

Hans Leip

Jan Himp zeigt, daß er zupacken kann

Jan Himp schob die blauwollene gestrickte Fischerklott, die er als Kopfbedeckung trug, in den Nacken und ging in die kajütförmige Bude, die mitten auf dem Ponton stand, sah auf den Wecker und notierte Heini Klubacks Abfahrtsminute ins Kassenbuch. Solche Leute sollten eigentlich Pfand hinterlegen! brummte er.

Aber er hatte nicht lange Zeit, wütend zu sein. Es war ein flottes Geschäft. Und dazu Mai, die schönste Zeit für die ersten Wasserpartien, günstige Tide, etwa eine Stunde vor Tiefebbbe, wo man mit dem Strom kinderleicht noch so hübsch abwärts rutschen konnte zu einsamen Plätzen den Strand entlang oder gar auf die verschwiegenen Inselsände gen Blankenese, um nachher mit der Flut ohne Mühe und wenn man wollte noch rechtzeitig zum Abendbrot wieder heimzugondeln.

Ja, so war es alldort, und um gleich die nötige Erdkunde abzuspulen: Besagtes Oevelgönne ist ein kleiner gemütlicher Ort, der aus einer einzigen Häuserreihe besteht und hinter Strand und schmalen Vorgärten geradewegs sich am Elbstrom entlangfädelt, sanft und lieblich gelehnt an einen ragenden, parkbestandenen Hügelrücken. Einen Katzensprung von Hamburg und vom Hamburger Hafen entfernt und, um im Vergleich zu bleiben, einen Tigersprung von der See, was auf Dampfschiff umgerechnet bis Cuxhaven rund sechs Stunden bedeutet. Der Elbstrom ist hier nicht ganz einen Kilometer breit. Drüben zwischen langdeichigen Inseln führen weite Einfahrten in halbfertige stille Häfen. Und dort liegen die schlafenden Schiffe, hinter deren Masten und Schloten man die fernen blauen Hügelzüge der Lüneburger Heide sieht.

Und mitten vorm Oevelgönner Strand lag die Bootsvermietung von Klas Möller, wie Jan Himps Vater hieß. Es war keine Bootsvermietung wie an den gleichmäßigen Gewässern eines Starnberger oder Ukleisees oder gar der Alster mitten im großmächtigen Hamburg, nein, es war zu Oevelgönne an der Elbe, wo man mit Flut und Ebbe zu rechnen hat und die Unterschiede des Wasserstandes bis drei Meter betragen können und die Bootsstege auf und nieder gezogen werden müssen wie früher die Badekarren oder aber wie der Möllersche Schwimmsteg sind. Es war ein viereckiger Steg mit einer Holzbude, in der das Kassenpult mit dem Wecker stand und darin nachts und bei schlechtem Wetter die beweglichen Gerätschaften untergebracht waren. Auch befanden sich dort die verschiedensten Ersatzteile von Tauwerk, Segeln und Blöcken sowie die nötigen Werkzeuge, auch ein paar Handtücher und eine Kiste mit trockenen Kleidungsstücken und einer Flasche Rum, falls mal jemand ins Wasser fallen würde. Zu gleichem Vorbedacht hing außen an der Budenwand ein mächtiger Rettungsring.

Nun, heute ging es also wild her, und Jan Himp war froh, als sein Vater herunterkam und mithalf.

Eben hatte Jan Himp den Provianthändler Proppe nebst Sohn, die sich den Abend elbabwärts zu vergnügen gedachten, an deren Mukkepicke abgesetzt. Er wendete gerade zum Steg zurück, am Heck seiner kleinen Jolle stehend, einriemig und einhändig wriggend, da sah er das Boot mit Hein Kluback und Braut umkehren. Die beiden schienen mächtig vergnügt zu sein. Der Steward wollte anscheinend mit Gewalt der juchzenden Sprottenwirtin beweisen, wie leicht es ihm falle, gegen den Strom auf zu rudern. Und anscheinend wollte die Dicke ihm zeigen, daß es keinen Strom gebe, gegen den sie nicht noch besser anzurudern verstünde, und hatte sich eben erhoben, um den Platz zu wechseln.

In Wahrheit aber war es so: Die beiden hatten sozusagen an Ort und Stelle einen Plan besprochen, der den Ohren der Zollbehörde höchst verwerflich geklungen haben würde. (Nun, der kleine Zollkreuzer lag viele hundert Meter entfernt beim Athabaskahöft, und die Zöllner auf der Dampferbrücke waren schließlich keine Fernempfänger für Privatgespräche auf Welle Schall.) Die Idee dieses – glatt gesagt – Schmuggelplanes stammte von Hein Kluback. Er hatte einen Abnehmer kennengelernt, einen ganz großen Dunkelmann. Das Anheizungskapital fürs Geschäft sollte die Sprottenwirtin liefern. Aber wenn sie auch nichts gegen die Anschaffung einer Barkasse einwandte und nichts gegen den Platz hatte, wo diese liegen sollte, so äußerte sie doch plötzlich ein lang überlegtes Mißtrauen gegen jenen «Großabnehmer«, jenen gewissen Griechen namens Missim Pampanos. Das ärgerte Hein Kluback; denn er hatte insgeheim hohe Anteile ausgemacht, und kurzerhand drehte er den Kahn zum Steg zurück. Das hinwieder paßte seiner dicken Braut nicht, wie sie sah, daß ihr Steuerdruck so wenig ausrichtete. Und da kein noch so scharfes Wort half, geriet sie in Hitze, erhob sich, holte aus und wollte dem Widerspenstigen eine langen. Denn sie war im Grunde eine energische Frau.

Im selben Atemzug aber schnappte die heimtückische Dünung eines aufkommenden Slomandampfers den Kahn von der Seite, und wenn der sich auch vorm Kentern bewahrte, so verlor doch Guschi ihr allzu schwankes Gleichgewicht und schoß mit gewaltigem Pitsch ins Wasser.

Nun hätte man den Steward sehen sollen! Anscheinend vollkommen entgeistert, verhaspelte er sich mit den Riemen, versuchte das Boot vergebens zu wenden und kippte fast selber hinaus, während seine Braut schrill gur-

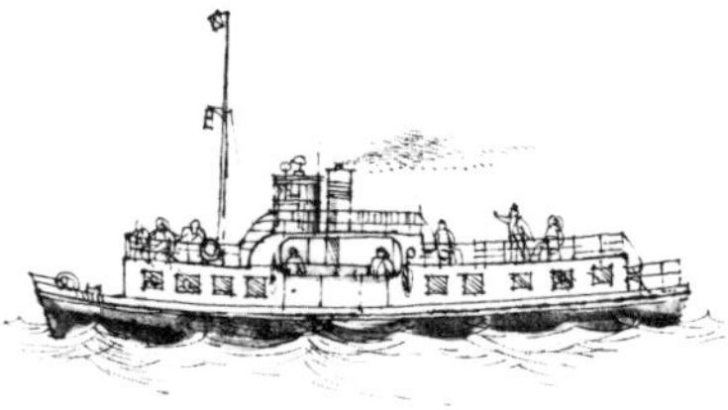

gelnd stromab trieb. Von Strand, Steg und Schiffen war mitfühlendes Geschrei zu hören. Motoren wurden angeworfen, Boote bemannt. Aber alles wäre zu spät gewesen, wenn nicht Jan Himp jählings seine kleine Jolle herumgerissen hätte und mit bewundernswertem Geschick und unglaublich schnell der so unfreiwillig Ausgestiegenen zu Hilfe geeilt wäre. Er wußte selber nicht, wie er sie plötzlich zu packen hatte in ihren Haaren, an dem triefenden Jäckchen, an Arm und Bluse. Sie war noch bei Bewußtsein, vermochte die Hände um den Bordrand zu klammern, aber sie war zu schwer, als daß Jan Himp sie hätte ins Boot ziehen können. Gottlob kam die Proppesche Barkasse nun allmählich auch herbei und zwei Segelboote und einige Kanus, aber die Barkasse genügte.

Verpfluchtigen Kattenkrom! rief Poppe Vater: Das ist jo woll rein die Sprottenwirtin vom Fischmarkt! Mensch, Guschi Bohnbeutel, was machst du bloß für Geschichten! Los! Hiev op! Bade zu Hause! Koche dich selbst! Wie kann man sich bloß so naß machen! Bischa woll doch kein Baby mehr?

Mit drei vereinten Männerkräften winschten sie die feuchte und spuckende Last in die Muckepicke, wo sie zum Leidwesen des Besitzers den schönen neuen Kokosläufer »klitschevoll« troff.

Und dann saß sie auf dem Ponton in der kleinen Bude. Oh, es war ein herzbewegender, wenn auch nicht restlos schöner Anblick, aber sie war nach zwei Gläschen aus der Rumflasche schon wieder ganz munter und sagte mit belegter Zunge: Tsoviel Pfasser nehm ich liebers in Pform von Grog ßu mir, und gepadet hab ich Ostern erst. Aberst das is die Strafe, weil ich pei dem kuden Tjung über das büschen Bilschwasser inne Boot gemeckert hab. Tja, was Ihr Tsohn is, Herr Möller, tas is mein Lebensredder! Und mein klein Pfrühlingshut hat er auch gereddet, hat tsiebenfumzig bei Karstadt inne weiße Woche gekost. Tas wird ihm angeschrieben ßstehn inne Puch tes Lewens und pei mir!

Ihren Bräutigam und Steward, der halb drohend, halb benaut dabeistand, würdigte sie keines Blickes. Sie hatte ihn in Verdacht, sie böswillig ins Wasser geschubst zu haben. So schlecht rudern kann man doch kaum können! schimpfte sie. Die trockenen Kleidungsstücke, die da für alle Fälle immer in der Budenkiste waren, abgelegte Sachen von Jan Himps Eltern, obwohl der Fülle kaum gewachsen, mußten nun herhalten. Der Flunki wollte ihr behilflich sein. Aber sie wies alle und auch ihn hinaus und gab ihm fünf Mark, er solle flugs ein Auto nehmen und wenigstens ihren Abendmantel holen.

Der Bootsvermieter Herr Möller sah sich um, ob da nicht irgendein weibliches Wesen sei, das man der Wirtin zum Beistand in die Bude schicken könne. Es war aber zu der Zeit nur Kyri Sandvoß auf dem Ponton unter den vielen männlichen Neugierigen. Sie wollte den Abend wie manchmal noch ein bißchen mit ihrer kleinen Jolle segeln. Doch nun weigerte sie sich keinen Augenblick, obgleich sie aus einem der vornehmen Parkhäuser oben an der Chaussee stammte, der durchweichten Sprottenwirtin, Frau Guschi Bohnsack, zu helfen.

Paul Th. Hoffmann

Die Schöpfer der Landsitze und ihre Bauten

Die Elbchaussee ist die fast eine Meile lange Straße, die sich von Altona längs der Elbe über Höhen und eingebettete Auen nach Blankenese zieht. Die Elbe, die Hamburgs und Altonas Hafen hinter sich läßt, öffnet sich unterhalb Finkenwerders breiter und breiter. Auf ihrem linken Ufer dehnt sich die flache Marsch, auf ihrem rechten aber hebt sich die Landschaft hügelig und waldig. Hier mit dem Blick über den Strom und seine Schiffe, standen eine Fülle bedeutsamer Villen und Herrenhäuser, eingegliedert in weite, prächtige Parks. Die Straße, an der diese Besitzungen lagen oder noch heute liegen, hieß in ihrer östlichen Hälfte von Altona bis Othmarschen »Flottbeker Chaussee«, die westliche Hälfte von Flottbek bis Blankenese »Elbchaussee«. Aber landschaftlich wie verkehrsmäßig bildeten beide

Teile eine Einheit. Nach dem Zweiten Weltkrieg wurde die Umbenennung zur einheitlichen Elbchaussee vollzogen. Ursprünglich ist die Elbchaussee ein holpriger, sandiger Fahrweg gewesen. Die Anwohner dieser Straße haben sie im Laufe der Jahrzehnte ausbessern und zu dem ausbauen lassen, was sie geworden ist... Ihren eigentlichen An- und Ausbau erlebte die Straße seit ungefähr 1780. Zwar war es schon vorher üblich, daß Hamburger oder Altonaer Kaufleute sich in den Landschaften längs der Elbe Grundbesitz erwarben. Dabei handelte es sich zunächst um Bauernhöfe, kleinere oder größer Landgüter. Man wollte sein Geld gut anlegen und sich den Nutzen der landwirtschaftlichen Güter möglichst unmittelbar zukommen lassen. Zuweilen überließ man auch einem Pächter das Ganze; in der Mehrheit der Fälle aber wohnte man selbst während der Sommerzeit (seltener und erst in den späteren Jahrzehnten des neunzehnten Jahrhunderts auch im Winter) hier draußen...

Neben den Kaufleuten hatten aber auch viele Männer der Politik und der kommunalen Arbeit am Elbstrom ihre sommerlichen Erho-

lungswohnsitze: u. a. der Bürgermeister Garlieb Sillem, der während der schlimmen Franzosenzeit vor Davoust seinen Mann stand, der Senator Martin Jenisch, der nach dem furchtbaren Brand Hamburgs 1842 fruchtbar für den Wiederaufbau der Stadt arbeitete, die Bürgermeister Weber und Versmann, die in der Zeit des neuen deutschen Kaiserreichs Hamburgs Kraft und Reichtum würdig repräsentierten. Auch die Bürgermeister Baur der Stadt Altona, die zum Teil die Bankiers der Könige von Dänemark waren, seien hier nicht vergessen. Thornton und Parish hatten während der letzten Kämpfe des alten Deutschen Reiches gegen

Frankreich Riesensummen von Unterstützungsgeldern in ihren Kellern liegen, die sie von England aus dem deutschen Kaiser und dem König von Preußen vermittelten. Auf ihren Sommerlandsitzen sahen diese Herren die besten und wesentlichsten Männer und Frauen der Zeiten als Gäste...

Neben der politisch-wirtschaftlichen war hier eine große Geisteskultur zu Hause. Im Landhause Sieveking wurde besonders die Dichtung und Weltanschauung gepflegt und verehrt, die sich um Klopstock und Lessing gründete. In dem Nienstedtener Landhause, das einst auf der später Rudolf Freiherr von Schröder gehörigen Besitzung stand, wohnte der von Weimar hierher gezogene englische Konsul Mellish, Goethes Freund, dem Goethe freundliche Gedichtgrüße sandte. Sein Haus wie das von Hanbury und die Besitzung von Wesselhoeft im Quellental sind der geistige Ort in unserer Elblandschaft, wo besonders die Goethe-Welt heimisch ward; denn die Wesselhoefts hatten verwandtschaftliche Beziehungen zu Frommans und Minchen Herzlieb in Jena. Der Kreis des von Goethe hochgeschätzten Barons Voght bildet die Vermittlung zwischen dem Klopstock- und dem Goethe-Kreis. Über Rückert, der die drei Gräber zu Ottensen besang, Bodenstedt, der im Hause Donner heimisch war, führt diese Linie bis zu Gerhart Hauptmann und den Seinen, die ebenfalls in den Elbgemeinden viele freundschaftliche Beziehungen unterhalten. Fügen wir noch hinzu, daß Detlev von Liliencron, Carl Bulcke und Gustav Frenssen hier lange ihre Heimat fanden, daß Rainer Maria Rilke längere Zeit bei dem Dichter von Schoenaich-Carolath auf dem nahen Haseldorf und in Blankenese zu Gast war, dann rundet sich uns ein reiches Bild heimatlich-literarischer Kultur.

Ebenso hat die Baukunst ein großes Betätigungsfeld in den Landsitzen längs der Elbchaussee erfahren. Die Baukultur, die hier entwickelt wurde, ist gleichfalls charakteristisch und eigenwüchsig geworden, soviel ausländische Einflüsse sie auch befruchtet haben. Das sommerliche Wohnhaus an der Elbe wurde nicht von den in den Elbdörfern ansässigen Bauern geschaffen, sondern von den Städtern...

Was die Gartenkultur betraf, so war auch sie ungemein reich und hat sich den landschaftlichen Bedingungen auf das glücklichste angepaßt. In der früheren Zeit befanden sich an den Elbabhängen bei Altona, in Nienstedten und Blankenese Parkgärten im französischen Geschmack geschnittener Hecken und gestutzter Bäume. Von alledem ist so gut wie nichts erhalten geblieben. Nur der »Antiken-Garten« im Hirschpark bildet davon eine Ausnahme. Maßgebend wurde für die Umgestaltung der Gärten der natürliche englische Parkstil. Aber gerade hierbei darf man hervorheben, daß diese Parks, wie der Voght-Jenisch-Park, zwar

nach englischen Vorbildern angelegt worden sind, daß sie sich aber in ihrer Struktur, ihrem Wesen ganz natürlich aus der Landschaft selber ergaben. Diesen Bedingungen gingen die Schöpfer der großen Parks liebevoll nach; sie holten oft genug die großartigen Möglichkeiten, die in dem Gelände schlummerten, erst aus diesem heraus; sie führten die Landschaft zu der ihr eigenen Gestalt; sie zauberten deren schönes freies Antlitz behutsam hervor. Daneben war auch das jeweilige Zeitgefühl maßgebend. Deutsche Romantik formte den Baurschen Park in Blankenese mit Turmruine, mit chinesischem Pagodentum und allerlei romantischen Sonderheiten. Zudem verband ein gewisses Sympathiegefühl die Anwohner der Elbchaussee dadurch, daß sie sich bei Gestaltung ihrer Parks und Gärten sozusagen in die Hände arbeiteten. Sie freuten sich, wenn Park, Garten und Land beim Nachbarn zur Rechten und Linken in Harmonie ihre Fortsetzung fanden.

Theodor Birt

Die Stadt wächst

Und so nahte der Abschied, und mein eigentliches Leben sollte beginnen. Ich war einer der so vielen Söhne Hamburgs, die auswandern, um nicht zurückzukehren. Im preußischen Staat habe ich schließlich Stellung, in Hessen eine zweite Heimat gewonnen und bin nach Hamburg und ins Familienhaus immer nur auf einige Wochen oder auch nur auf einige Tage wiedergekehrt. Aber den Stolz des Hamburgers trug ich mit hinaus; denn ich sah eben damals mit Freuden, wie der Aufstieg Gesamtdeutschlands und das Wachsen der deutschen Kraft auch Hamburg mit hochzog. Die Stadt wuchs nicht nur an Volumen (erst jetzt, im Jahr 1868, wurde die Vorstadt St. Georg in die Stadt einbezogen), sondern sie schmückte und verschönte sich auch, und die Verkehrsmittel steigerten sich ins Großartige.

Die Stadt Altona liegt mit Hamburg Schulter an Schulter; sie liegt »allzunah«, wie angeblich schon ihr Name besagt, so daß die Häuserreihen unmittelbar aus einer Stadt in die andere übergehen. Fatal war das, so lange Altona dänisch war. Jetzt entstand doch eine gewisse Vertraulichkeit. Der Straßenverkehr herüber, hinüber war wesentlich erleichtert, und mit den Elbhäfen beider Städte ging es ähnlich.

Neue Landstraßen warf Hamburg wie Strahlen aus; an den vorhandenen wurden bis weit hinaus neue Villen und Mietshäuser gebaut, so daß Dörfer wie Hamm und Horn nunmehr näherrückten und gleichsam zur Vorstadt wurden. Mit Wandsbek, obschon dort die Hamburger Flagge nicht wehte, ging es nicht anders. Und nun gar die Elbbrücken! Das neidische Königreich Hannover existierte nicht mehr, und schon im Jahre 1872 sahen wir die Vollendung der gewaltigen Brücken, die Norder- und Süderelbe schlank überspannen, und das Unerhörte war beseitigt, daß der Bahnverkehr nicht übers Wasser konnte, um Hannover, Frankfurt oder Köln zu erreichen.

Schon 1868 aber vollendete sich das kleinere

Werk, und wir sahen den Neubau der Lombardsbrücke in seiner monumentalen Schönheit, die breitgeräumig nicht nur den sonstigen Verkehr, sondern auch die Eisenbahnzüge über die Alster führt. Die liebe alte Windmühle, die da einst am Ufer stand und die ich als Knabe noch sah, wie sie treuherzig ihre großen Flügel senkte und hob, als wartete sie, daß ein Hagedorn sie besänge, war als allzu dörflich schon längst entfernt; ihr ging es nicht so gut wie der berühmten Mühle in Potsdam, an die sich das Andenken an Friedrich den Großen knüpft.

Nun aber – man verzeihe, wenn ich noch einmal in den Hymnenton verfalle: Wer bleibt nicht gefesselt stehen, wenn er, die Brücke passierend, rechts und links aus der Höhe die landseeartigen Spiegelflächen der Alster sieht? Zur Linken über dem Wasser die mit fünf mächtigen Kirchtürmen gekrönte Riesensilhouette der Großstadt selbst, zur Rechten den Landsee der Außenalster, von Villengärten weithin umkränzt, auf dem die Lustboote ihre weißen Segel spannen, die in der Ferne den Schwänen und flatternden Möwen gleichen. Man ruft »famos!« oder »herrlich!« und schlägt die Hände zusammen vor Entzücken, solange das Herz noch jung; denn es tut wohl: weiter Horizont und doch Begrenzung, Reichtum, künstlerische Ordnung und doch Natur. Welche Stadt sonst kann sich dem vergleichen? Ich bekenne offen, daß ich, auch als ich geblendet am Golf von Neapel stand unter dem blauenden Himmel Homers und nach Capri hinüberschaute, an solcher Stelle Hamburgs gedachte und in meinem Herzen schwankte, welchem Aspekt der Preis gebühre.

Aber die Kunst tat mehr. Langsam und kühn stieg der großartige Spitzturm von St. Petri in die Höhe: ein Neubau; erst im Jahre 1878 wurde schwindelhoch auf dem Scheitelpunkt der schlanken Pyramide endlich der Turmknopf aufgesetzt. Großartiger noch beim Hopfenmarkt der Neubau der Nikolaikirche; ganz mit lichtem Sandstein wurde sie bekleidet (eine Seltenheit im Land des Ziegelbaus), der Turm mit reichem Zierwerk durchbrochen; das Innere verschwenderisch kostbar wie ein Kunstschrein. Ein englischer Architekt leitete den Bau, der erst 1876 fertig wurde. Aber auch der städtischen Gemäldesammlung muß ich gedenken; auch sie fand jetzt endlich Unterkunft in der »Kunsthalle«, die schon 1869 eröffnet werden konnte mit hochgetreppter, säulengetragener Vorhalle. Das Äußere des feinen Ziegelbaus sieht man ringsum akademisch wie mit Rosetten mit allerlei Medaillons garniert; auch Statuen stehen pflichtgemäß in Nischen. Es sind Bildnisse von Künstlern mit Namenbeischrift zur Belehrung des noch kunstfremden Publikums. Der Bestand der Gemälde, die in den Sälen hingen, konnte sich jedoch mit dem, was man heute sieht, noch durchaus nicht vergleichen. Wir waren damals schon stolz, in Proben die Achenbachs und Grützner, Defregger und Knaus zu sehen; auch Gabriel Max, der mystisch weiche, tauchte da schon auf, und er fesselte mich; so seelenvoll leidvoll schmachtend schienen mir seine bleichen jungen Frauen. Erst später hat das Hamburger Kunstmuseum unter glänzenden Direktoren seine anerkannt hohe Bedeutung gewonnen.

Soll ich fortfahren und noch an die neue Fassade erinnern, mit der man das Opernhaus versah? Auch der Bau der stattlichen Kolonnaden wurde damals unternommen, die den Neuen Jungfernstieg mit der Theaterstraße verbinden. Mein Bruder Alexander war es, der diese Kolonnaden entworfen hat.

Hamburg schmückte sich; aber alles das sind Kleinigkeiten, wenn ich an den Vertrag denke, der den Hamburger Hafen betraf und im Juni 1868 zwischen Hamburg und Preußen glücklich zustande kam. Vielleicht geschah es durch die persönliche Fürsorge Bismarcks (so dachten wir), der für Hamburgs Gedeihen in der Tat auch hernach seinen mächtigen Einfluß eingesetzt hat.

Schon seit langem drohte dem Hamburger Hafen die Gefahr der Versandung. Sie abzuwenden war dringende Lebensfrage geworden, um so mehr, je mehr sich der Tiefgang der Schiffskolosse steigerte. Jetzt kam die Hilfe, und die großen Umbauten begannen.

Hamburgs fünf Hauptkirchen

St. Petri de Rieken,
Nikolai desglieken,
Kathrinen de Sturen,
Jacobi de Buren,
Michaeli de Armen,
Dat mag woll Gott erbarmen.

Edith Oppens

Neue Architektur im Stadtbild

Als der Architekt Fritz Höger im September 1930 auf dem internationalen Architektenkongreß in Budapest Lichtbilder vom Chilehaus zeigte, gab es minutenlang Beifall. Schon drei Jahre vorher hatte sich Associated Press an ihn gewandt. In einer geplanten Veröffentlichung über alle markanten Hochhäuser der Welt sollte das Chilehaus nicht fehlen. Hamburgs moderne Bauten waren weit über die Grenzen von Stadtstaat und Reich hinaus berühmt geworden. Das Chilehaus war das Musterbeispiel für ein Kontorhausviertel, das als Sehenswürdigkeit galt und noch heute gelten dürfte.

Diese Kontorhausbauten waren auf dem sanierten Gelände des ehemaligen Gängeviertels entstanden. Die Sanierung war aus doppeltem Grunde nötig geworden. Einmal waren die hygienischen Verhältnisse in diesem nach und nach mit Hinterhäusern, Höfen, Außentreppen vollgepfropften und übervölkerten Viertel schlimm, zum anderen war für den Strang der Hoch- und Untergrundbahn unter der jetzigen Mönckebergstraße ein Durchbruch durch das Gewirr der kleinen Fachwerkhäuser nötig. Abbruch des Gängeviertels nördlich der Steinstraße, Bau der Untergrundbahn, Entstehung der Mönckebergstraße gingen von 1912 bis 1914 vor sich.

Im gleichen Tempo wollte man südlich der Steinstraße fortfahren. Die Kriegsjahre verzögerten jedoch die Arbeiten. Nach dem Krieg herrschte Wohnungsnot. Um rund 4000 Menschen aus dem Gebiet zwischen Steinstraße und Meßberg unterzubringen, mußten neue Wohnblöcke auf der Veddel und in Barmbek gebaut werden.

Auch wurde für dieses Gebiet der ursprüngliche Bebauungsplan von 1912 noch einmal geändert, weil inzwischen der Verkehr angewachsen war und auch der »Schiffsbug« des Chilehauses voll zur Geltung kommen sollte.

Durch diese Verzögerung bot sich den Hamburgern beim Sonntagsnachmittagsspaziergang und den interessierten Besuchern von auswärts in dieser Gegend ein merkwürdiges Bild. Ein furioser Bauwille kontrastierte mit Hinterhofagonie. Das Chilehaus und Ballinhaus, der jetzige Meßberghof, bildeten die ersten jener imposanten roten Blöcke, die Carl Albert Lange leicht ironisch bedichtete.

Welch' düster erhabene Massen
Getürmt zum Gebirge voll blanker Kontore,
Voll gleitender Korridore
Zu Registraturen und Kassen.

Hinter und neben den Baugruben standen noch die alten Häuser. Zum Teil mußten sie abgestützt werden. Der aufgerissene Boden, in den Kabel versenkt wurden, war mit Planken belegt. Man arbeitete auch nachts. Dabei lief der Amüsierbetrieb, der für das Gängeviertel typisch war, in Lokalen und Kneipen weiter. Noch 1930 sollen in der Steinstraße die Huren herumgestrichen sein, von denen es schon lange hieß, sie seien die allerletzten und »morsch wie die Häuser, in denen sie wohnen«. Nur Straßennamen blieben schließlich vom alten Gängeviertel übrig, die für die nachfolgenden Generationen jeden Beigeschmack verloren haben.

Höger hatte das Chilehaus in der Rekordzeit von etwa zweieinhalb Jahren gebaut, die Architektenbrüder Hans und Oscar Gerson errichteten 1922 bis 1924 das Ballinhaus. Da es in dem Baukörper zum Meßbergplatz hin neun Stockwerke und ein Staffelgeschoß hatte, nannte man es voller Stolz das erste Turmhaus Hamburgs. Viel bestaunt wurden die vertikalen Vorsprünge in der Art von Pfeilern, die den Klotz schwungvoll bei dem Übergang zu den niedrigeren Seitenflügeln gliederten. Der

Sprinkenhof entstand 1928 nach den Plänen von Fritz Höger und den beiden Gersons, etwa gleichzeitig mit dem Mohlenhof. Die Zahlen über Ausmaß und Kapazität dieser »düster erhabenen Massen« sind gigantisch. Der Sprinkenhof galt seinerzeit als Deutschlands größtes Kontorhaus. Für das Chilehaus wurden 750 Güterwagen Zement angefahren und 1600 Tonnen Rundeisen verbraucht.

Henry B. Sloman hatte das Grundstück für das Chilehaus 1921 vom Staat erworben und durch die Namengebung an das Land erinnert, in dem er zur Zeit des blühenden Salpeterhandels erfolgreich gearbeitet hatte. Zwischen 1922 und 1924 waren an dem Bau durchschnittlich 300, zeitweilig aber auch 450 Arbeiter beschäftigt gewesen. Die doppelte Überbauung der Fischertwiete, die Anordnung um Binnenhöfe und vor allem die Gestaltung der Fassaden mit den unzähligen Fenstern gaben bei den Betrachtern Anlaß zu endlosen, erregten Diskussionen. Wo blieb hier die Repräsentanz, das vornehm-gediegene Äußere, das man an älteren Kontorhäusern schätzte?

Hans Erich Nossack

Untergang

Ich sah die Gesichter derer, die neben mir auf dem Wagen standen, als wir auf der breiten Einfallstraße über die Veddel zur Elbbrücke fuhren. Wir waren wie eine Reisegesellschaft, es fehlte nur an dem Schalltrichter und dem erklärenden Geschwätz eines Reiseführers. Und schon war alles ratlos und wußte sich das Fremdartige nicht zu erklären. Wo früher der Blick auf Häuserwände stieß, da dehnte sich eine stumme Ebene bis ins Unendliche. War es ein Friedhof? Aber welche Wesen hatten dort ihre Toten beigesetzt und ihnen Schornsteine auf die Gräber gestellt? Schornsteine, die wie Ehrenmale, wie Dolmen oder mahnende Finger als einziges aus dem Boden wuchsen. Atmeten die darunter Liegenden durch diese Schornsteine den blauen Äther ein? Und ruhte dort, wo zwischen diesem seltsamen Gestrüpp eine leere Fassade wie ein Triumphbogen in der Luft hing, wohl einer ihrer Fürsten und Helden? Oder war das der Rest einer Wasserleitung wie bei den alten Römern? Oder war dies alles nur ein Kulissenaufbau für eine phantastische Oper? – Wieviel haben wir doch in der Schule gelernt, wie viele Bücher gelesen und Abbildungen bestaunt, aber hierüber hatte noch niemand berichtet. Gab es also doch noch unerforschte Weltteile? Ich sah in allen Augen dies aufmerksame, gespannte Suchen nach außen und ein vergebliches Vergleichen nach innen. Dies Erwarten, daß sich irgendwo etwas zeigen würde, was das Rätsel löste, und das wir auf keinen Fall übersehen dürften.

Nur auf der kurzen Strecke über die Elbbrücke löste sich der Bann für einen Augenblick und alle begannen die Türme der Stadt zu zählen. Ach, und mit welchen Kosenamen wurden sie einzeln aufgerufen! Und wo war der schönste von ihnen, der Turm der Katharinenkirche? Und warum hatte sich das Rathaus in eine Pagode verwandelt? – Doch damit waren wir schon über den Fluß hinüber und fuhren in den Friedhof ein.

Gleich zur Linken brannte ein riesiger Kokshaufen – er erlosch erst nach drei Wochen –, sekundenlang wurde man von glühendem Höllenatem angehaucht, wie um gefeit zu werden, ehe man passieren durfte, und dann war man innerhalb. Der Wagen schwankte und tastete sich durch den Paß, der zwischen den Trümmern notdürftig freigelegt war, über Geröllhalden zusammengebrochener Gebäude, an Kratern vorbei und unter zerknickten Brücken hindurch, von denen Waggons wie Girlanden ins Wasser der Hafenbecken hingen, aus denen der Bug einer Schute emportauchte, erschrokken über die plumpen Körper von Oberländerkähnen, die leblos auf der Seite trieben. An den Rändern des Passes lagen längliche Bündel, und man sagte, es wären Leichen. Alle so still, und viel lauter glaubte man den Todesschrei der Autos gellen zu hören, die, gelbausgeglüht und in letzter Not sich erbarmungswürdig aufbäumend, den vergeblichen Fluchtweg bezeichneten.

Und nirgends Querstraßen, um in das seitliche Dickicht zu gelangen; alles ineinander verfilzt. Nur selten ein Blick frei durch eine schwarze Fensterwölbung. Und darüber statt der Grabinschriften unverständliche Reklametafeln. Plötzlich zog man den Kopf ein, weil eine sechsstöckige Fassade sich über die Straße neigte und durch die Erschütterung des Wagens zu fallen drohte. War man vorbei und wandte sich um, sah man ganz oben einen Balkon hängen und darüber eine aufgespannte Markise und sogar einen Balkonkasten mit roten Geranien. Doch alles ganz schweigsam, ohne Bewegung und Veränderung; des Zeitlichen entkleidet und ewig geworden.

Wir werden uns von nun an nicht mehr fragen können: Hält es stand, dein Werk, angesichts des weiten Landes und am Ufer des Meeres? Wir werden fragen müssen: Hält es stand angesichts dieses Friedhofes?

Wie waren wir hochmütig und eingebildet auf unseren Geschmack! Was taten wir uns nicht zugute auf unser geistreiches Urteil! Und welch zynischen Ekel maßten wir uns an, die Lebensgewohnheiten der Unzähligen abzulehnen! Haben wir nicht gesprochen: Dies ist ein häßlicher Stadtteil, menschenunwürdig und abbruchreif; die Straßen eng und voller Geschrei; die Höfe ohne Licht, ohne Farbe, ohne Luft; die Häuser schmutzig und stumpf? Wie konnten hier Millionen Menschen leben, ohne daß ihr Atem die Enge sprengte! Und auf den Treppen roch es nach Essen und kleinen Leuten; wir rümpften die Nase darüber. Aus den Wohnungen schlug uns der Dunst kochender Wäsche entgegen, und die Stuben waren kalt von ungebrauchten Möbeln. Und das Plüschsofa mit gehäkelten Deckchen? Und all die ungeschickten Fotografien von Hochzeiten und Jubiläen? Und der Buntdruck mit süßlichen Nymphen, der über dem Ehebett hing?

Wer würde es noch wagen, über diese Dinge zu spotten! Warum riecht es nicht mehr auf den Treppen? Warum trocknet keine Wäsche mehr auf dem Gestell vor dem Küchenfenster? Wurde nicht sonntags manchmal ein Kuchen gebacken? War nicht in jeder der unzähligen Wohnungen, deren Umrisse sich jetzt nur an den Mauerresten abzeichneten, eine Hausfrau, die tagaus, tagein die Fußböden scheuerte und die Möbel abstaubte; die den Nachbarn fürchtete und doch von ihm beneidet sein wollte? Und warum stehen die Schornsteine noch, sinnlos und ohne Rauch? Aber ein Herd ist nicht mehr da. Wozu haben wir gekocht? Und auch keine Betten! Wozu haben wir geschlafen?

Wozu haben wir uns erhalten? Wozu Vorräte gesammelt und gespart?

Alles, was Männer davon zu sagen wissen, ist Lüge. Nur in der Sprache der Frauen darf darüber geredet werden.

Ich bin durch all diese Stadtteile gekommen, zu Fuß oder im Wagen. Nur wenige Hauptstraßen waren freigelegt, aber Kilometer über Kilometer kein lebendiges Haus mehr. Und versuchte man seitlich einzudringen, verlor sich sofort jedes Gefühl für Zeit und Richtung. In Gegenden, die ich zu kennen glaubte, habe ich mich völlig verirrt. Ich habe eine Straße gesucht, die ich im Schlaf hätte finden müssen. Da, wo ich sie vermutete, stand ich und wußte mir nicht zu helfen. Ich habe die Querfurchen im Geröll an den Fingern abgezählt, doch ich habe die Straße nicht wieder entdeckt.

Und wenn man nach Stunden einen Menschen traf, dann war es auch nur einer, der im Traum, durch die ewige Einöde wandelte. Man ging mit einem scheuen Blick aneinander vorbei und sprach noch leiser als vorher. Irgendwo schien wohl die Sonne, aber über diese Dämmerung hatte sie keine Macht....

Siegfried Lenz

Hochbahnstation Landungsbrücken

Hier ist die Hochbahnstation Landungsbrükken. Wie soll man sie nachmachen? Man wirft also eine steile Böschung auf, verlegt einen matten Schienenstrang – er gehört zum »Ring über Hafen« –, setzt einen zwar überdachten, doch erstaunlich zugigen Bahnsteig hin, behängt die Wandflächen mit Schuh- und Versicherungsreklamen, sorgt für ein geschlitztes Behältnis, in das der Reisende abgefahrene Fahrtausweise werfen kann: fast ist die Station sichtbar. Pfefferminz- und Zigarettenautomaten lassen sich noch aufstellen, Papierkörbe, sodann harte, plumpe Holzbänke für Wartende, die sich, wenn sie wollen, noch kurz vor der Abfahrt davon überzeugen können, daß für den tiefliegenden, im Weitwinkel erfaßbaren Hafen immer nur Bewegung bezeichnend ist, auch in der ausgeflaggten Jubiläumswoche.

Vom Bahnsteig aus erscheinen die Bewegungen auf dem Wasser verwirrend und ungelenkt: das überholt einander, das passiert einander, das bringt sich auf Kollisions- und Ausweichkurs, schleppen läßt sich das, schieben und bugsieren – als Zuschauer hat man da ständig etwas zu befürchten. Was noch? Eine Schwingtür ist nötig, die die Station begrenzt, eine zur Hälfte verglaste Tür, die über dem Boden zerkratzt ist, zerschrammt von den Tritten und Stößen der Reisenden; hinter ihr läßt man einige Steintreppen hinablaufen, bis zu einer Plattform, auf der eine mannshohe Waage jedermann mürrisch auffordert, sein Gewicht zu prüfen. Hier, auf der Plattform, hängt man nun die flache Fußgängerbrücke ein, die die Straße in sichtbarer Höhe überspannt und hinabführt bis zu den knarrenden Pontons im Wasser: also Landungsbrücken.

Am Geländer der Fußgängerbrücke, Baskenmütze auf dem Kopf, Aktentasche gegen die Hüfte gepreßt, in Wildlederschuhen, die von Nässe geschwärzt werden, steht Janpeter Heller und beobachtet den einlaufenden Hochbahnzug, dessen Wagen sich nach leichter Kurve zurechtschütteln, bevor sie abgebremst werden. Heller steht am ausgemachten Treffpunkt. Jetzt tritt er vom Geländer weg auf die Fußgängerbrücke. Sein Blick springt die Türen entlang, die klickend und zischend auffliegen, da sind sie, das sind sie, Charlotte und das Kind in gleicher Kleidung, beide in dunkelblauen gefütterten Wettermänteln, beide mit langfallendem, kariertem Schal. Was soll die übereinstimmende Kleidung hervorheben, demonstrieren? Hellers Arm fliegt hoch, er winkt zum Bahnsteig hinauf, wo Charlotte ihn längst entdeckt hat; doch anstatt zurückzuwinken, nimmt sie das Gesicht des Kindes in beide Hände, bewegt es langsam wie ein Scherenfernrohr auf Hellers Standort zu – und nun hat Stefanie ihn gefunden und winkt zurück, in ihrer Art, mit versonnenen Greifbewegungen. Warum kommen sie nicht? Warum setzt Charlotte dem Drängen des Kindes einen eigenen, stärkeren Druck entgegen, der es da oben festhält? Heller winkt eine Aufforderung hinüber, wartet dort, ich hol euch, dann läuft er die Treppe hinauf, zwängt sich durch den Stau an der Schwingtür, springt auf den Bahnsteig hinaus, da hört er die Stimme im Lautsprecher: Zurückbleiben bitte! – und sieht im gleichen

Augenblick Charlotte mit langem, schwingendem Schritt in den Zug treten. Die Türen schnappen zu, der Zug fährt an, und Heller wartet der Türscheibe entgegen, hinter der Charlotte stehen wird, stehen muß, und jetzt kommt der Wagen heran und trägt ein bewegungsloses Gesicht vorbei, in dem all ihre aufmerksame Skepsis versammelt ist.

Tag, Pappi, was hast du mir mitgebracht? Das Kind ist zu ihm gekommen, hat das Einkaufsnetz auf den Boden gelegt, läßt sich hochheben und streift an Hellers Wangen ein paar ungenaue Küsse ab, an denen sich die Gebißspange beteiligt. Erst werden wir etwas Warmes trinken, und dann wollen wir sehen, was ich dir mitgebracht habe. Sie nehmen sich an der Hand, sie gehen über die Fußgängerbrücke zum Hafen hinunter, am lockeren Spalier weißer Fahnenmasten vorbei, an deren Spitzen Hamburger Tuch in Böen steif absteht oder knallend und klatschend bewegt wird. Auch die Schlepper haben geflaggt, die Barkassen und Fähren und natürlich die mattgrauen Kriegsschiffe, doch ganz über die Toppen geflaggt haben nur die Bäderschiffe...

Vorop: Hamborg de Boos!

Sommerdag weurt, Sünndag weurt un Scheunwedder weurt ok.

Hamborg harrt bannig mooi un weur Boos op all de Hellgen. De Hamborgers harrn dat so hild as de Finkwarder Fischers in de Schullntied oder as de Veerlanner Burn in de Eerbeertied oder as de Jungens von St. Pauli in de Domtied: se steeken jemehr Nees in jeden Pott, de twüschen Lübeck un Bremen to Für kreegen weur, un keeken öber jeden Tun, de twüschen Ülzen un Husum in Sicht keem.

Jem heur de Elw von Launborg bet hendol no dat Buten-Fürschipp, dat op den halben Weg no Helchland to Draggen licht, jem heur de Nordsee von Röm bet Borkum, de Ostsee von Warnmünn bet rop no de Flensborger Föhr.

Jem heurn de Dieken von Veerlannen bet Ditmarschen, de Bargen von Geesthacht bet

Schulau, de Heiden von Lünborg bet Bremervör. De Sassenwohld heur jem liek god as de Bickbeernsweiz. Jem heurn de Knicken un Redders von ganz Holsteen, jem heurn de Alster, Est, Lüh, Stör, Ost un Eider.

Op dat Moor jogen se de Kiwitten op, op de Geest de Hosen, op de Watten de Meuwen, op de Dieken de Ossen, op de Heid de Snucken, op de Dörper de Fleegenweerten un Kellners: de opt meist: de Rocksniepels flogen man so hen und her, as wenn se een Taifun to öberstohn harrn.

Hamborgers allerwärts! To Wittenbargen legen se nokt bi de groten witten Fürtorns, to Wedel högen se sik öber den dicken utstoppten Seeräuber, den Roland, op den Süllbarg und bi Kreuger petten se een af, jümmer links um den Pieler, bi Hogenbeck leeten se sik de Elefantenküken wiesen, in Mölln stunnen se vor Uhlnspiegel sien Graffsteen still, op de Peut sehn se Miß Elvira ut Barmbek mit ehrn Luftballong opstiegen, to Büsen sochen se Tjark Dusenscheun sien Wustfobrik no, in Radbrook kloppen se bi Vadder Ast ant Finster un melln sik for de neuchste Spreekstunn an, op Finkwarder leeten se sik de dreuchten Scharben smecken, in Bardowiek freugen se driest mol, wat de Bull moken dä, un in Buxthud gungen se sogor mol bi den verdübelten Smid vor, ober: hony soit qui mal y pense!

All dat Land un all dat Woter, mit Hüs und Scheep, mit Bäum un Seils, mit Dieken und Dünungen, nehmen se mit getrosten Sinn un breete Ellbogen in Hür und Pacht un brochen Larm un Gesang, Lachen un Leben un Geld unner de Lüd un in de Dörper. Allerwärts harrn se dat Seggen.

Hamborg weur Boos.

Friedrich von Hagedorn

Auf Hamburgs Wohl

Ergebt euch, Freunde, dem Vergnügen;
allein, bezahlt bei frohen Zügen
auch der Gewohnheit ihren Zoll.
Den Wein soll man bei Wünschen trinken:
Tut, da auch Pflicht und Neigung winken,
den ersten Trunk auf Hamburgs Wohl.

Die Zeit, die uns in Ruh' verfließet,
die Freiheit, die man froh genießet,
die uns kein Wechsel rauben soll;
der edle Trieb, der in uns lodert,
des Vaterlandes Lieb erfordert
den zweiten Trunk auf Hamburgs Wohl.

Der Überfluß, den Schiff und Wagen
aus fernen Landen zu uns tragen,
macht unsre reichen Speicher voll.
Der Börs' und Handlungs Wohlergehen
verdient, stets blühend sie zu sehen,
den dritten Trunk auf Hamburgs Wohl.

Hier lohnt mit reichlichem Gewinste
der Fleiß, Gelehrsamkeit und Künste,
die Pallas Hamburgs Schutz empfohl.
Hier finden alle Künste Kenner,
ein Grund für patriot'sche Männer,
den vierten Trunk auf Hamburgs Wohl.

Wie glänzt in schönheitsreichem Schimmer
das wohlerzogene Frauenzimmer,
Witz, Schönheit, Geist und Tugend voll!
Dies rührt uns, und mit Jubeltönen
tut ihr, aufs Wohlsein eurer Schönen,
den fünften Trunk auf Hamburgs Wohl.

Wie füllt ihr eure Gläser wieder?
Beim Schalle lusterfüllter Lieder
trinkt man gar leicht mehr, als man soll.
Nein, Freunde, nein, man muß sich sparen,
so trinken wir nach spätern Jahren
den letzten Trunk auf Hamburgs Wohl.

Quellennachweis

Elise Averdieck, Der fünfte Mai 1842, aus: Roland und Elisabeth, Hamburg 1892
Rudolf G. Binding, Joie, aus: Der Opfergang, Insel-Verlag, Leipzig o. J.
Theodor Birt, Die Stadt wächst, aus: Wie ich lernte, Leipzig o. J.
Wolfgang Borchert, Mehr als ein Haufen Steine, aus: Das Gesamtwerk, Rowohlt Verlag, Hamburg 1949
Samuel Theodor Coleridge, Elbaufwärts, aus: Englischer Besuch in Hamburg, Hamburg 1927
Richard Dehmel, Hamburg, aus: Hundert ausgewählte Gedichte, S. Fischer, Berlin 1920
Joseph Freiherr von Eichendorff, Tagebucheintragung, aus: Tagebücher, Regensburg 1908
Christian Ferber, In Hamburg angekommen, aus: Hamburg für Anfänger, Diogenes Verlag AG, Zürich 1964
Gorch Fock, Vorop: Hamborg de Boos!, aus: Hein Godewind, Hamburg 1916
Theodor Fontane, Über die Hamburgerin, aus: Frau Jenny Treibel, Werke, München 1964

Erwin Garvens, Unsterbliches Pöseldorf, und Straßennamen, aus: der fröhliche Jungfernstieg, Ludwig Appel, Hamburg 1956
Friedrich von Hagedorn, Auf Hamburgs Wohl, aus: Poetische Werke, 1908
Carl Hagenbeck, Die Liebe zur Tierwelt, aus: Von Tieren und Menschen, Berlin 1909
Heinrich Heine, Der Geist Bankos, aus: Memoiren des Herrn von Schnabelowski, Werke, München 1973
Paul Hertz, Hochwasser, aus: Unser Elternhaus, Hamburg 1895
Paul Th. Hoffmann, Die Schöpfer der Landsitze und ihre Bauten, aus: Die Elbchaussee, Broschek Verlag, Hamburg 1952
Hans Leip, Jan Himp zeigt, daß er zupacken kann, aus: Jan Himp und die kleine Brise, Koehlers Verlagsgesellschaft, Herford 1979
Siegfried Lenz, Hochbahnstation Landungsbrücken, aus: Das Vorbild, Hoffmann und Campe Verlag, Hamburg 1973
August Lewald, Der Hopfenmarkt, aus: Neue Aquarelle aus dem Leben, Stuttgart 1840

Alfred Lichtwark, Über die Moorweide, aus: Studien, Hamburg 1896
Richard Linde, Eine Marschenstadt, aus: Die Niederelbe, Bielefeld, Leipzig, Berlin 1909
Heinrich Merck, Vom gewesenen Hamburg, Gesellschaft der Bücherfreunde zu Hamburg, Hamburg 1953
Vera Möller, Klein Erna, Hans Christians Verlag, Hamburg
Hans Erich Nossack, Von Hamburgs Untergang, aus: Dieser andere, Suhrkamp Verlag Frankfurt 1976
Edith Oppens, *Neue Architektur im Stadtbild*, aus: Der Mandrill, Seehafenverlag Erik Blumenfeld, Hamburg 1969
Karl August Varnhagen von Ense, Hamburg, aus: Denkwürdigkeiten, Frankfurt 1987

CIP-Titelaufnahme der Deutschen Bibliothek

Kleine Geschichten aus Hamburg
ges. und hrsg. von Ulla Küster.
Stuttgart: Engelhorn Verlag, 1989
(Engelhorn-Bücherei)
ISBN 3-87203-071-x
NE: Küster, Ulla [Hrsg.]

Lektorat: Renate Jostmann
Typographische Gestaltung: Brigitte Müller
Satz: Uhl + Massopust GmbH, Aalen
Druck und Bindearbeiten: Clausen & Bosse, Leck
Printed in Germany